スルースキル

“あえて鈍感”になって人生をラクにする方法

大嶋信頼
NOBUYORI OHSHIMA

WANI BOOKS

はじめに

やりたいことを自由にやれている人を見かけると「うらやましいな〜！」と思うんです。

そんな人のように自由にやりたいことができるようになりたくて、観察していると面白いことが見えてきます。

「あ！　人の批判とか全然気にしないんだ！」と、なんだかびっくりさせられます。

「え？　ちょっと酷いこと言われているけど大丈夫？」と心配になる場面でも「スルー！」して、全然気にしている様子がないんですけど！

……というように、人の不快な言動をいつも聞いているようで受け流すことができているんです。

そういう人は、ちゃんと自分に必要なアドバイスだけ拾って、どんどんヴァージョンアップしていきます。他人から批判されても聞いてないので、どんどん自由になっていくのです。

面白いことに、他人からの批判を気にするのは「人から批判されないように」するためのはずなのですが、気にすればするほど批判は酷くなってしまいます。

そして、スルーできてしまう人は「他人の批判から学習しないからどんどん批判が強くなるのでは？」と少々意地悪な見方をしたくなりますが、逆に「批判されなくなった！」という面白い現象が起こります。だから、スルーできる人を見ていると、スルーしながら我が道を進み、かつ周囲から尊敬されるようになっているから「すごい！」となるのです。

また、スルーできる人は批判を気にしないからなのか、周りの人の感情にも流されません。

たとえば、周りに困っている人がいても「スルー！」してしまい、気にも留めません。

目に入っていないのか、わざと無視をしているのかはともかく、それを見た私は「あんな風に人の感情を自然とスルーできるなんてうらやましいな！」と思います。

周りが怒っていても、困っていても、不安になっていてもスルーしちゃうから淡々とやりたいことを続けられる。

さらに、自由で楽しそうに生きているその〝スルーしちゃう人〟に、周りの困っていた人たちも引きずられて、不安や怒り、そして困難からいつの間にか解放されていく――。

以前の私は「困っている人を助ける方が人から尊敬される」と思っていたのですが、全然そんなことはなくて、いつの間にか足を引っ張られて、「苦しみの世界に引きずり込まれる～！」となっていました。

けれども、スルーしちゃう人は、困っている人を気にしないので、最初は「あれ？」と思うのですが、そのうちその困っている人もいい意味で影響されて、結果的に困難から解放され、自分のことをスルーした人を尊敬するようになっています。「あんなふうにスルーできるようになれば、自分の人生はもっと楽になっていたのに」と、そんな人を見るたびに思っていました。

加えて、スルーできる人は、いい意味で「鈍感」です。そのため、「しなくていいこと」をスルーできるから、時間を無駄にすることがありません。しかも、それを意識してやっている様子はなくて、自然に「スルー！」しているんですよね。

私は、めちゃくちゃいろんなことに敏感で、ちょっとしたことでもすぐに気になってしまう、という性質を持っていたので「いろんなことが気になって仕事がちっともはかどらない！」とか「好きなことが一切できない！」ということが多々ありました。

スルーできる人のように鈍感になれば、自分のやりたいことだけを見ていられるから、ものすごく効率よく事が運ぶし、スルーした不快なことまでいつの間にか解決してしまっています。スルーする人を見ていると、本当にうらやましくて面白いんです。

私がいかにこれまでの人生で損をしていたのか、ということがめちゃくちゃ敏感だった私は気になっていたんです。「あの人のようにもっと鈍感になれたら！」とずっと思っていました。

鈍感になる努力もたくさんしてきたのですがなかなかうまくいかず、悩みを抱えながらこれまで生きてきました。

けれども、カウンセリングの仕事を通して、私と同じ「敏感すぎる仲間たち」と出会う中で「あ！　もしかしてスルーするってこういうことなのかも！」ということが見えてきたのです。

そして、カウンセリングにいらしてくださる「敏感すぎる仲間たち」が、いつの間にか鈍感になってスルーできるようになった時に「あ！　これまでと違った美味しい人生を生きられるようになっている！」と嬉しくなるんです。

さらに、同じように私も鈍感になっていて「あ！　人生ってこんなに楽に生きられるものなんだ！」と、これまで体験したことがなかった不思議な感覚を感じることができたんです。

本書では、どうしてスルーできないの？　という仕組みなどを紹介しながら、どんどん鈍感になって美味しい人生が生きられる方法をお話ししていきます。

START
はじめに……3

第1章
すぐに傷つき、イヤな頼まれごとを断れないワケ

1-1
〝絶妙なタイミング〟で邪魔をしてくる人々……18
新しいことに手を付けられない……19
自分の中で悪夢が広がっていく……21

1-2
「謙虚＝美徳」という価値観も考えもの……23
他人を優先してしまう原因……23
謙虚になると悪夢は広がる……24
他人の言動にそれほど深い意味はない……26

1-3
「下手に出ちゃう人」のメカニズム……28
嫌われたくないから下手に出る……28
下手に出ない自分が想像できない……30
悪夢の中に生きていたことに気づく……32

1-4 「敏感な人」はいつまでも出世できない……34
いい仕事をしても認められない……34
出世直前で爆発してしまう……36
周りにどんどん追い越された経験……37
鈍感になれば道が拓ける……38

第2章 「鈍感」になることから始めよう

2-1 気にすべきこと、しなくていいことの線引き……42
不利益になるのが嫌だ……43
「お金持ち」の感覚になってみる……45

2-2 攻撃してくる人の根底にある「嫉妬」……47
嫉妬は「発作」である……48
自覚がない嫉妬の発作……50
「下の立場」に嫉妬する仕組み……51

2-3
親がわが子を叱るのも嫉妬の一種……53
「しつけ」という感覚になってしまう嫉妬……53
美人なのに容姿に自信がない理由……56

2-4
「自分中心」の考え方に変える……59
自分も知らぬ間に嫉妬している……59
自分を中心に考えるということ……62
やがて「自分を中心にする人」が集まる……63

2-5
職場における「ドMな人」の背景……65
苦痛による脳内麻薬の分泌……65
脳内麻薬の禁断症状？……67
ドM体質から出世体質へ……68

2-6
地獄のような「いじられキャラ」からの卒業……70
なぜ「ヘラヘラ」してしまうのか……71
怒りをぶつけずにいじられキャラを卒業する……73
COLUMN1 サーフィンをやると敏感さが薄まる？……76

第3章 周囲からの小言を自分の中でスルーする

3-1 「真に受けない」ことの大切さを知る……82
イライラの真相……83
悪くないのに〝反省〟しても無意味……84
3-2 表面上は耳を傾けても心の中でサラッと流す……87
善意を受け取っているフリをする……88
近所のおばちゃんをイメージする……89
3-3 小言パターン① モンスタークレーマー……92
クレーマーが泣くまで聞き倒す……93
対応次第で信頼を勝ち取れる……94
3-4 小言パターン② 嫌味ばかり言う上司……97
「上司が持っていないもの」に嫉妬する……98
脳は周囲の人をまねる……100
嫉妬の電気ショックをお返しする……101

3-5 小言パターン③ 怒ってばかりの妻……103
「男性性」と「女性性」……104
奥さんの小言は「女子力の供給源」……106
3-6 小言パターン④ 口うるさい夫……109
真に受けると夫婦関係が壊れる……110
夫が弱みを打ち明けるようになる……111
COLUMN2 なぜか失敗を繰り返す自己敗北性パーソナリティ障害……114

第4章 面倒くさい人を華麗にスルーする

4-1 ぞんざいに扱うと嫌われるのか……122
頭が子供状態になる……123
子供だと割り切って相手にしない……126
4-2 逐一対応していたら心がボロボロになる……127
「発作」は酔っぱらっている状態と同じ……127

スルーできれば体調もよくなる……129
4-3
面倒くさい人たち① 頻繁過ぎる上司の飲みの誘い……132
「コミュニケーションのため」と信じている……132
断る時は満面の笑みで……135
4-4
面倒くさい人たち② 詮索好きな先輩・同僚……137
「しっぺ返し」で詮索してくる先輩を撃退……137
「アドバイス」したがる同僚……139
4-5
面倒くさい人たち③ 高圧的な取引先……142
「特別扱い」していると思わせる……143
「お得」を連発する……145
4-6
面倒くさい人たち④ しつこいセクハラ発言……147
最もシンプルな嫉妬の発作……148
実は男として自信がない人……150
4-7
面倒くさい人たち⑤ 執拗に交際を迫ってくる同僚……153
なぜ諦めてもらえないのか……154

「拒絶」しない断り方……155
COLUMN3 ダメな人をほうっておけない場合の対処法……158

第5章

スルーすることに疲れてしまった時は

5-1
自分の力だけで解決しようとするのはやめよう……164
自分の失敗をスルーする……165
実は誰しも持っている……167

5-2
思っている以上にみんなが助けてくれる……170
周囲の人に頼れるようになる……172
スルースキルが周りの人を動かす……173

5-3
イヤな奴になるということではない……176
本当にイヤな奴はどちらか……176
スルーできなかった自分が懐かしい……178

FINISH
おわりに……183

START

第1章

2

3

4

5

FINISH

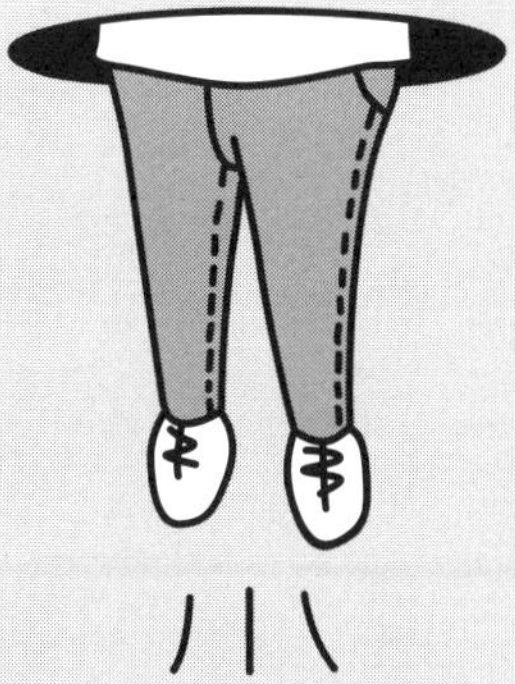

すぐに傷つき、イヤな頼まれごとを断れないワケ

1-1 "絶妙なタイミング"で邪魔をしてくる人々

休みの日に「さあ！　部屋を片付けよう！」と思ったら、同僚からのメールが入っていることに気が付いてしまったことがありました。開けてみると「お客さんからこんなクレームがありました」と書いてあって「なんでこんな時にこんなメールをよこすんだよ！」と気分が落ち込んでしまいました。

せっかく部屋を片付けて仕事のために勉強をして……という時に同僚のメールに邪魔されて「ちっともやりたいことができないじゃん！」となってしまいます。

もちろん、「休みの日だしそんなメール気にしなければいい！」と思って片付けをしようとしました。

けれども頭の中で「なんであいつはあんなメールを送ってきたんだ？」とつい考えてしまい、「私のことを馬鹿にしている！」とか「お客さんを使って私を陥れようとしているのでは？」という言葉が次々と頭に浮かんできます。

いつの間にか片付けの手も止まっていて、考えているだけで時間が過ぎてしまうんです。気が付いたらいつの間にか夕方で「1日何もできなかった！」とがっくりきてしまいました。

・新しいことに手を付けられない

職場でも「さあ！　いい仕事をしよう！」と思って新しい仕事を始めようとするのですが、せっかく気分が乗ってきそうな時に限って、同僚の暗い表情が目の片隅に入ってきてしまいます。「せっかく今から一生懸命に仕事に取り組もうとしているのに、同僚は私に何か不満があるのかな？」と考え始めたら不安になってしまうのです。

「自分勝手なことをやっている！　と思われているのかな？」とか「何にも相談しないで仕事を進めていることを面白く思っていないのかな？」なんて考え始めてしまったら、**どんどん不安になったり同僚に対する怒りが湧いたりして、その感情に振り回されてしまい、ちっともやる気が出てきません。**

不機嫌な同僚のことが気になって仕事に身が入らないので「どうしたの？」と聞

くと「別に！」というふてくされた態度。

「何でもいいから言ってごらん！」と伝えると「だって、勝手にどんどん仕事を進めちゃって、まるで私が仕事をしていないみたいじゃないですか！」と言い始めた。「うわ！　面倒臭い！」と思いながらも「悪いことをしちゃったのかな？」と反省して「だったら、この仕事を手伝ってくれるかな？」と説明をし始めたら「なんか、あなたに私の時間を搾取されている感じがするんですけど！　それがむかつく！」と言われて「え〜？」となってしまいました。

そんな同僚に言われたことをずっと頭の中でぐるぐる考えていると、せっかく始めようと思っていた新しい仕事にちっとも手が付けられなくなって、やりたいことができなくなってしまいます。

これはとても興味深いのですが、「何か新しいことを始めよう！」とか「片付けよう！」など**前向きに動こうとしている時に限って、必ず邪魔が入って思うように動けなくなってしまうことがあります。**

絶妙なタイミングで誰かが何かの問題を起こしてくれて、それによって私は何かをやりたい気持ちが削《そ》がれて……。「いつまでたってもやりたいことができない！」

と机の上はちっとも片付かず、部屋の中は汚いまま。悪夢のように必ず嫌なことが起きるのですが「これって私が言い訳をしているだけ？」と思ってしまうんです。

本当は誰のせいでもないのに、自分がやらないのを棚に上げて、人のせいにして自分がちゃんと取り組まない言い訳をしているだけなのかもしれない、と思ってしまうんです。

だから、他人のせいにするのはやめて、「自分は自分のやりたいことをやろう！」と決意して取り組もうとするのですがやっぱり「誰かに邪魔をされる」という強烈な出来事が起こって「ありえない！」とその嫌なことを頭の中でぐるぐる考えるようになってしまい、延々とやりたいことができない状態が続いてしまうのです。

・自分の中で悪夢が広がっていく

この現象、とっても興味深いんです。このように**「やりたいことを邪魔されちゃう」という人は、他人のちょっとした言動で自分の中にどんどん悪夢が広がっていってしまう特徴があります。**

他の人だったら「へー！　そうなんだ！」とスルーしちゃうものでも「あの人は

こんな悪意を持っているのかもしれない！」とか「自分に対してこんなに悪い印象を持っているのかも！」と次から次へと悪い想像が膨らむから、ちっともスルーできず、相手に反応します。そんな悪夢を見ながら相手に反応したら、自動的に相手を悪夢の方に誘導してしまいます。だから「どんどん悪夢が現実になった！」ということが起きるのです。そして、やりたいことが必ず邪魔されるセオリーがここでできてしまうのです。

ちょっとした相手の言動から「相手は自分のことを邪魔しようとしているんじゃないか？」とか「自分に嫌がらせをしているのでは？」と考えそうになったら、**「あ！相手の気持ちを考えることで悪夢を作り出しちゃうんだ！」と気が付くと悪夢から抜け出すことができます。**

そして人の言動を「他の人みたいにスルーできるようになった！」となって「自分のやりたいことを邪魔されなくなった！」となるから不思議なんです。

1-2 「謙虚＝美徳」という価値観も考えもの

他人の気持ちを想像して悪夢を作り出してしまうと「みんな自分のことしか考えていない！」とか「みんな人の気持ちを踏みにじる酷い人！」というような感じで、周りの人がみんな「自分勝手なモンスター」に見えてしまいます。

まあ、悪夢の世界に生きているからモンスターが登場してくるのは当たり前のことなのかもしれませんが……。

・他人を優先してしまう原因

そんなモンスターばかりの醜い世界にいると「自分はあんなに醜いモンスターにはなりたくない！」と思うようになります。

そこで、モンスターにならないために「謙虚に振る舞わなくては！」とも考えるようになります。

周りが自己中心的なモンスターだらけの世界で「自分は美しく生きたい！」と思うわけですから、「美しい生き方とは？」と考えたら、モンスターとは対照的な「謙虚さでしょ！」となるんです。

すると、「人の悪口は言わない！」、「自分の話はしない！」とか「人のせいにしない！」や「すぐに謙虚に非を認めて謝る！」などを心掛けます。美しく謙虚に生きるために他人を優先します。そして、どんな酷いことをされても我慢をするようになっていきます。

●謙虚になると悪夢は広がる

ところが、相手の気持ちを想像すればするほど悪夢が広がって、それが現実になる、という不思議な現象が起きます。

「自分は人の悪口を言わないのに、私は陰口を言われている！」と不安に思うと、それが現実になります。

「自分の話をしないようにしているのに詮索《せんさく》されて、勝手にひどい噂話《うわさばなし》を作られてる！」と近所の人や同僚の気持ちを想像すれば、その通りになってしまうのが悪夢の特徴。**自分が謙虚で美しく生きれば生きるほど、悪夢の中ではモンスターが醜さを発揮して「酷いことをしてくる〜！」ということが起きてしまうんです。**

謙虚に振る舞えば振る舞うほど、モンスターたちは嫌なことを押し付けてきます。謙虚な私はそれを我慢しながら引き受けて「なんで私がこんなことをしなきゃいけないの！」と後悔するんですね。

さらに、こんなに謙虚に振る舞っているのに、周りの人たちは私を傷つける言動をしてきます。

だから、私はどんどん相手の言動を「私が何か悪いことをしたからこんなことを言われるの？」と不安になって検証するためにスルーできなくなります。

「こんなに謙虚に振る舞っているのだから、相手に何も悪いことをしているはずはない！」と思っているのですが、悪夢の中のモンスターたちは、謙虚な私を責めて攻撃してくるので「こんなに謙虚に我慢しているのにどこがいけないの！」とイチイチ引っかかってしまいます。

そして、相手の意図を探ってますます自分の中の悪夢が広がり、私を陥れようとしているモンスターたちが、私を傷つけてくるんです。

・他人の言動にそれほど深い意味はない

謙虚に振る舞うわけは「あのモンスターのように醜くなりたくない！」という気持ちがあるからです。

ところが、謙虚に振る舞っているのに、モンスターたちは不快なことを押し付けて私に損をさせ、さらに不快な言動で攻撃してきます。そんな、モンスターの気持ちを考えてしまえば、ますます悪夢が現実になる、という悪循環に陥ってしまいます。

でもそれは、美しく生きるために謙虚になればなるほど、周りの人の気持ちを推し量ることになるから「悪夢」が広がって、それが現実になってしまうだけ。

そこで、謙虚さを捨てて、人の気持ちを考えないで傍若無人に振る舞ってみると、悪夢から覚めてきます。すると「あれ？　あれだけたくさんいると思っていたのにモンスターがいない！」ということに気が付くはずです。

謙虚さを捨てて悪夢から覚めると「人ってみんな自分と同じなんだ！」と感じられるようになり、**人の言動にはそれほど深い意味がないことがわかってきます。**さらに、人の言動をスルーできるようになり「あれ？　謙虚でいるのをやめたら人から傷つけられることが少なくなった！」となるからちょっとびっくりします。

人は、ちょっとした相手の言動から相手の気持ちを考えてしまうと、そこに醜い悪夢の世界を作り出してしまいます。

その醜い悪夢の世界を見ているから「自分だけは謙虚に美しく生きなければ」と謙虚に振る舞った時に、悪夢が現実になります。

相手の気持ちを考えれば考えるほど悪夢の世界が自分の中で広がってしまう、という性質があるからです。

ゆえに、謙虚になればなるほど「相手の気持ちを考える」ことになりますから、どんどん悪夢が広がってしまうんです。そして悪夢の中でモンスターたちが傍若無人な振る舞いをすればするほど「私はあんなふうには生きたくない！」とさらに謙虚でいようとし、悪循環に陥ることになります。

そこで謙虚な人間を演じてしまうと、モンスターに傷つけられて、嫌なことをどんどん押しつけられて自分だけが損をする、というふうに悪夢の世界で生き続けることになってしまうんです。

1-3 「下手に出ちゃう人」のメカニズム

「なんで、他の人には嫌なことを頼まないのに、私には平気な顔をして言ってくるんだろう？」と疑問に思うことがあります。

いつも「自分だけ舐められている！」とか「バカにされている！」と頭にくる一方で、「なんで私だけ？」と疑問に思うこともあります。そこで、他の人と私とは何が違うんだろう？　と他の人の対応を観察していると「あ！　私みたいに下手《したて》に出てない！」ということが見えてきたんです。

・嫌われたくないから下手に出る

私は誰かと仲良くなっても「ちっとも下手に出ることがやめられない！」となっていました。

対等な関係なのに、自分が下手に出て相手の気持ちを考えて、相手を優先させる、ということが癖のようになっていて「それをやめればいいじゃない！」と自分でも思うのですが、なぜか「下手に出ることをやめられない！」という自分がいるんです。

なぜかと考えたときにパッと思いつくのは**「相手に嫌われたくないからやめられない」という理由です**。自分に自信が持てなくて「本当の自分を知られたら誰からも相手にされない！」と心の中で思っているから、下手に出ることをやめてしまったら、素の自分が出てきて嫌われるに違いないと考えてしまうんです。

たしかに、自分は頭がいいわけでもないし、運動だってそんなに得意じゃありません。話だってぜんぜん面白くないから「下手に出ていないと相手からバカにされて捨てられちゃう！」というのがあって下手に出るのがやめられないのかもしれません。

でも、下手に出ていたら、相手は不思議といつの間にかモンスターに変身して、私が傷つくようなことを平気な顔で言ってくるようになるし、他の人には頼まないような嫌なことを頼んできます。

私はいつも下手に出ているからスルーできず「なんでいつも私ばかり嫌なことを

言われたりされたりするんだろう？」と悩み「なんでこんな大したことないことを私だけスルーできないんだろう？」と自分が嫌になってしまいます。

・下手に出ない自分が想像できない

こう考えてみると、私が「自分に自信がない！」と思ってしまうのは、人間関係で下手に出てしまって、相手がモンスターに変身して、私に対して酷いことを言ってくるのを私がスルーできないからなんだ、と思うんです。

「だったら、下手に出るのをやめればいいじゃない！」と誰だって思うでしょう。でも、「怖くて下手に出るのをやめられない！」と、プールの飛び込み台の上に立って「私にはここから飛び込むのは無理！」という感覚になってしまうんです。**下手に出るのをやめている自分がうまく想像できないのです。**

「あれ？　なんかおかしいぞ？」と自分でも思うんです。だって、下手に出ることで、相手は「お前は私よりも下！」と認識するようになり、モンスターに変身して酷いことをしてくる！　と、なんとなくわかっているはずですから。

そして、一番怖いのは、私が下手に出てしまって変身したモンスターの発言です。

それがいつもスルーできなくて「傷ついた！」とぐるぐる頭をめぐってしまい、自信を失ってしまいます。

さらに、モンスターと化して酷いことを言ってきたり嫌なことを頼んできたりする相手に復讐《ふくしゅう》することや、断る方法をずっと考えていて「時間を無駄にしちゃった！」ということを繰り返してきました。

それがわかっているのにどうして下手に出ることがやめられないかを考えていたら「私はいつも悪夢を見ていて、自分以外はみんなモンスターだ！」と思っているからかもしれない、と気が付いたんです。

自分以外は、みんなモンスターで私を傷つけることを言ってきたり、嫌なことを頼んでくる、と思っているの？　と自問自答してみたら「あ！　本当に思っているかも！」ということを発見してちょっとショックを受けました。

自分が下手に出てしまうから、相手がモンスターに変身してしまって、酷いことを言ったり嫌なことを頼んでくるだけなのに、**相手との関係ができるその手前で「相手は自分と同じ人間じゃなくてモンスター！」と心の何処かで思っているから「対等な関係」を築くことができないんです。**

「え？　この自分以外はモンスターと思っちゃうのって、私が悪夢の中に生きているからなの？」と考えたら、なんだかフッと安心しました。

目を開けながら悪夢を見ていたから「みんなモンスター！」とおびえていて「下手に出なきゃ！」となっていた、とプロセスを整理したら、「下手に出るのをやめられるかも！」と思えてきたから不思議です。

・悪夢の中に生きていたことに気づく

「人は自分を傷つけてくる怖い存在」とか「いい顔をしていてもいつか自分を裏切る酷い存在」と思っていたから「そうされないように下手に出て相手との距離を縮めないようにしなければ！」と思っていました。

同時に「下手に出れば相手がモンスターに変身する」とわかっていたのに下手に出るのがやめられなかったのは、私が悪夢の中に生きていたから。

だから、「私を傷つけてくる」とか「嫌なことを押し付けてくる」というのがただの私の悪夢だった、と気が付いた時に「下手に出る必要がない！」と人と対等に話ができるようになれたんです。

以前の自分だったら考えられないことなんですが、相手が「社長」とか「教授」のような方でも、ちっとも関係なく話ができるようになったのは、悪夢から覚めたから。**悪夢から覚めてみたら「みんな自分と同じ人間だった」ということがわかり、**私はみんなと同じように話ができて、以前のように相手が不快なことを言ってきたり、嫌なことを押し付けてくることはなくなったんです。

そうなった時に「あれは本当に悪夢の中に生きていたんだ！」とちょっとショックを受けてしまうんですけどね。

「みんなモンスターじゃなくて、みんな自分と同じだった」ということで、嫌なことを言われても、嫌なことを押し付けられそうになっても、いつの間にか他の人と同じようにスルーできるようになっていました。

「みんなこうやって楽に生きていたんだ！」ということを感じられるようになってちょっと嬉しくなっている自分がそこにいました。

1-4 「敏感な人」はいつまでも出世できない

カウンセリングの仕事をやっていて「あれ？　なんでこの方は、こんなすごい能力を持っているのに出世しないの？」という疑問を持つことがあります。

頭も良くて、人に対して思いやりがあって、そして何より私がその方と話をしていて「楽しい！」と感じるから「この方はすごいな！」と思うんです。

でも、会社では「え？　なんであなたがそんな役割をしているの？」とか「どうして、前の会社をそんな簡単に辞めちゃったの？」ということがよくありました。

・いい仕事をしても認められない

そういった方々にお話を伺っていると「あ！　私と同じぐらい敏感だ！」ということがわかってきます。同僚や上司の方が言った何気ない一言が「引っ掛かっちゃって嫌な気持ちが抜けない！」となってしまうのです。

普通の人だったら「またこの上司おかしなことを言っているよ！」とスルーしちゃうところを敏感に反応してしまって「なんでそんなことをおっしゃるんですか？」と上司に言ってしまった、ということを聞いていて「ヒエ〜！」と私はサスペンス映画を見ているような気分になります。「そこで上司の言葉に反応しちゃダメだから！」という場面で見事に反応していて「あ〜あ！　出世を逃しちゃった！」という結果になります。

敏感にいろんなことに反応するため、せっかくいい仕事をしているのに誰にも認められないという、不思議な現象も起きます。

嫌なことをスルーできちゃう人は堂々としているので、実は大したことをやっていなくても他の人から認められます。

でも、敏感な人は、ちょっとしたことでも「はー！」とか「ヒィ〜！」とかいつもビクビクしていたり「嫌なことがまた起きるんじゃないか？」と緊張したりしているので「堂々としているような感じに見えない！」となります。

せっかくいい仕事をしているのに、敏感でいつも緊張しているので、堂々としている人と違って「仕事がちっとも認められない！」となり、出世できずに「え？

他の人とそんなに給料が違っていたんだ！」という大変なことになってしまいます。

・出世直前で爆発してしまう

ある人は、敏感に反応していても「ここで自分が反応しちゃダメ！」と我慢をするようにしていました。けれども、ようやく上司から認められて「あ！　これから昇進するかも！」というところまで来ると、我慢して鬱積してしまった不満が「どーん！」と爆発してしまい「こんな会社なんて辞めてやる！」となってしまいました。

たしかにひどい上司でひどい会社なのかもしれません。でも、不思議なのは、辞めるタイミングです。**もうすぐ出世という場面で「もうこれ以上は嫌！」となってしまうんです。**

それは、いくら我慢していても、やはり敏感に上司や同僚の不快な言動をキャッチしてしまって、それを他の人たちみたいにスルーできないから。スルーできずに敏感に感じ取って自分の中にそれが蓄積してしまうと「この会社はブラック企業」というようにどんどん会社の印象が悪くなってしまいます。**上司のことが「最悪の**

パワハラ野郎」に見えてしまい「もうこの人たちと一緒に働くのは嫌！」となってしまうんです。

そして、会社を辞めてから「あれ？　私なんであんなことで会社を辞めちゃったんだろう？」と後悔の念が襲ってきます。「あんなことで辞めなきゃよかったのに！」と思うのですが、当時は敏感にいろんなことに反応し、そのストレスを吐き出さずにいたから、どんどんみんなが嫌な人に思えてきて、会社も「最悪」になっていたから、続けるのが無理だったんです。

・周りにどんどん追い越された経験

そんな方のお話を聞きながら「あ！　私も同じだった！」と振り返っていました。我慢して一生懸命に仕事をしていても、敏感にいろんなことに反応してしまうから、本当に上司などが極悪人に見えてきて「もう絶対に嫌！」となっていました。

周りからは「出世頭！」とか「期待の星！」と言われたこともあったのですが、結局、いろんなことに敏感に反応するので「あいつはやっぱり出世できないかも」と言われているのが耳に入ってきます。

そして、我慢していろんな仕事をこなしていると、どんどん嫌な仕事ばっかり私に押し付けられてきます。

「これをこなせば出世できるかもしれない！」と初めのうちは頑張っているのですが「そんな嫌なことをやらなくても仕事できない奴が簡単に出世できているじゃない！」というのに敏感に反応して絶望的な気分になり、「う〜！　お腹が痛い！」と倒れてしまったこともありました。

何度か体の調子が悪くなって、倒れてしまって、周りからも「あの人は絶対出世は無理！」と思われて、結局それが嫌で「もう続けられない！」となっていたこともあったんです。

・鈍感になれば道が拓ける

当時の私は「この敏感な脳を外して洗いたい！」とバカなことを思ったこともありました。

他の人はちっとも反応しないのに私はちょっとしたことでもすぐに敏感に反応しちゃって、周りの人の信用をぶち壊してしまったり、出世のタイミングを逃して「損をした！」と、またまたそこでも敏感に反応して脳にストレスを溜めて、さらに敏感に余計なことに反応する、という悪循環を繰り返していました。

そんな私の敏感さが、やがて鈍感になった時に、いろんなことから自由になります。

カウンセリングの中でも、あんなに敏感で「出世できない！」となっていたクライアントさんたちが、「え！　そんなに鈍感になって大丈夫なの？」と私が心配になるぐらい鈍感になっていくことで「やっぱり鈍感な方が出世できるんだ！」とびっくりするようなことが起こります。

敏感すぎて仕事が続けられなかった方が、鈍感になったら「え？　そのままその会社を乗っ取るつもりじゃないでしょうね！」という感じに会社のトップに駆け上がっていきます。

私は「敏感で繊細な方が出世する」と思い込んでいたのですが「私が間違っていました！」という感じになっていったのでした。**スルーできる人の方が明らかに出世できるし、自分の能力を自由に発揮できて、人に余計なことを押し付けられて邪魔されることがなくなるんです。**

「鈍感な人」は悪い人、という印象があったのですが、私は「敏感な人」でいい人を演じることで「周りの人ばかり出世して悔しい！」といつも地団駄を踏んでいました。

悪夢から覚めて、いつの間にか「あ！　ちょっと鈍感になっている！」と以前の私が「悪い人」と思うようなキャラクターになっているかもしれないのですが、**私の目の前の道は拓けて、いつの間にかみんなが私を助けてくれるような美味しい人生がそこにありました。**「これが私の求めていたものかもしれない！」と最近では思えるようになっていました。

脳を取り出して洗う必要がなくて、ちょっと鈍感になるだけでいいんだ、と面白いことに気が付いたんです。

START

1

第2章

3

4

5

FINISH

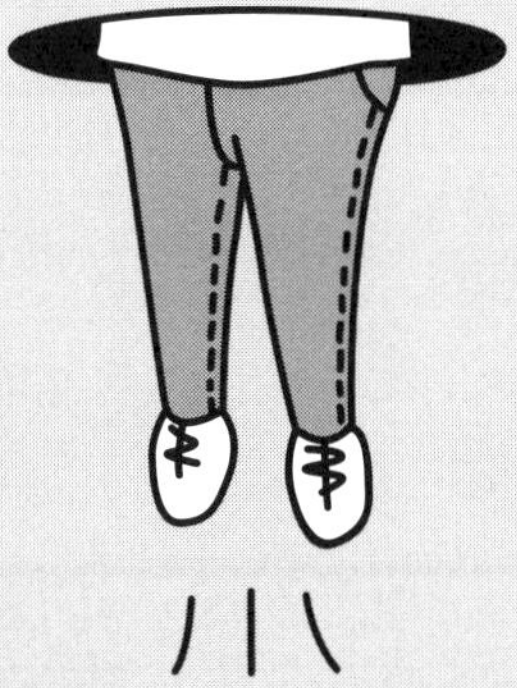

「鈍感」になることから始めよう

2-1 気にすべきこと、しなくていいことの線引き

アパートの駐輪場で隣の部屋の人の自転車が枠からはみ出していて「私の自転車が出しにくいじゃないか！」とイラっとしてしまったことがありました。

そこでそんなのスルーしちゃえばいいのにできなくて「隣の人は私のことをバカにしている！」とか「隣の人にちゃんと自転車を置くように伝えなきゃ！」などと考え始めます。

そこから「隣の人にそんなことを言ったらますます相手が嫌がらせをしてくるのでは？」とか「こんな風に私が隣の人のことを不快に思うだけで隣の人はさらに嫌なことをしてくるかもしれない！」と考えが止まらなくなってしまいます。

たぶん、スルーできる人がこれを聞いたら「何でそんな無駄なことを考えているの？」と呆《あき》れてしまうと思います。自分でも「こんなことを考えて時間を無駄にするのが嫌だ！」と思って考えないようにしようとするのですが、**再びフッと駐輪場**

の場面が頭に浮かんできて「やっぱりムカつく！」とスルーできなくなって、仕事中でもそのことをぐるぐる考えてしまうんです。

他人の自転車の置き方なんて、明らかなルール違反でなければ本当はどうでもいいはず。でも、それがスルーできなくて、考え続けて時間を無駄にすればするほど「あの人のせいで私の貴重な時間が無駄になった！」とさらに怒りが増してしまうんです。

・不利益になるのが嫌だ

一般的な対処法としては「気にするべきこと、しなくていいことの線引きを明確にすればいい」となります。達人だと「頭のてっぺんからおへソにかけてのまっすぐのラインに誰かが当たってこない限りはスルーしちゃっていい！」という人もいます。そういう人は「自分の命に関係ないですから」とかっこいいことも言えてしまう。

もうちょっと普通の人だったら「自分が両手を広げた範囲以外は気にしなくていい！」となります。なぜなら「自分には直接関係ありませんから！」というようなうらやましい考え方ができるから。

たしかに、そう考えたら、隣の住人なんか手を広げた範囲にいないんだから「関係ない！」と気にしなくなるんでしょうね。電車の中の「マナーの悪い人」なんかも「両手を広げた範囲にいないから知らない！」とスルー。両手を広げて見た時に綺麗な線引きができるはずなんです。

インターネットやメールだって「両手を広げた範囲外だから関係ない！」と情報をスルーできちゃったらどんなに楽なことか。

そこまでではなくても、一般的な人だったら「自分の利益にならないことは気にしない！」と考えます。「その人のことを気にして自分の利益になるの？」と問われたら無駄であることに気づくから、「気にしないでスルーできちゃう！」という便利な機能が一般人には付いています。

このように、**自動的に「それを気にして利益になる？」と線引きできれば楽なのですが、**スルーできない人って**「みんなが私に不利益をもたらす〜！」と気にしたり反応したりするんです。**

私自身が気になってしまうポイントを考えてみると、やはり何に対しても「自分の不利益になる！」と反応してしまっています。ドケチとか貧乏性、という言葉が当てはまる感じです。道端に落ちている汚物を見て「自分だけがいつもこんなものを気にしちゃって嫌な気分になる！」というのも「自分だけがいつも損をさせられている！」という感覚なんです。

そして、**私の感覚はいつまでたっても「ものすごい貧乏！」なんです**。周りの人からは「そんなに仕事をしていて貧乏なわけないじゃないですか！」と怒られます。でも、私自身の中身は「ものすごく惨めで貧乏」なんです。

・「お金持ち」の感覚になってみる

ところが、よく考えてみると、私は「損をして貧乏になりたくないからいろんなことを気にしちゃう！」はず。それなのに、気にすれば気にするほど、嫌なことが次から次へと起こって悪夢が現実になる現象が起きます。

となると「損をするのが嫌！」という貧乏性の基準で気にしてしまったら「貧乏が現実になるじゃないか！」という恐ろしい仕組みが見えてきます。

この仕組みを逆に考えると、嫌なことを気にしちゃってスルーできなくて貧乏になるのが嫌なら「あ！　お金持ちの基準で、気にする、しないの線引きをすればいいんだ！」ということに気づきました。

お金持ちだったら、目の前で普段私が気にするようなことが起きても「それって私が気にするだけの価値があるの？」という線引きをするんです。これを実践すると、不思議と貧乏性の感覚が消えて「スルー！」できちゃいます。**「価値がない」ってすごく強力な基準だと思います。**

具体例を挙げると、バスに乗ったら渋滞にハマってしまい「運転手～！　もっと早くしろ！」とスルーできなくなったら「これは私が気にするだけの価値があるの？」と自分に問いかけてみると「スルー！」できます。

自分で無理やり納得するためにいろいろ考えなくても、不思議とお金持ちの線引きで「気にする／しない」が判断できて、普段から貧乏性で引っかかっていたことをスルーできちゃうから楽になるんです。

「それだけの価値があるの？」というのは鈍感になるためのものすごく強力な線引きです。そして、その線引きをすると、どんどん自分の価値が上がっていくような感覚になるんです。

2-2 攻撃してくる人の根底にある「嫉妬」

「あなたのそのやり方は間違っている」と他人から言われると「何であなたがそんなことを言うんだよ！」とちょっとムカつきながらも「本当に間違っているのかな？」と気にしちゃってスルーできなくなってしまいます。

ここで、「相手が言っているように本当に自分は間違っているのかもしれない」と気にして自分のやり方を変えてしまうと、**同じ人から「何でやり方を変えたの？自信がないんだったら最初からやらなきゃいいじゃない！」とダメ出しをされてしまうことが多々あります**。「え〜!? あなたが言ったから反省してやり方を修正したのに、何でそんなことを言われなきゃいけないの？」と枕を濡らしたことが何度もあります。

私は、我ながら真面目で純粋なところがあるので「人の言っていることには真実がある」と本気で受け取ってスルーできなくなってしまうんです。他の人にこの話をすると「そんなこと気にする方がおかしいよ！」と言われるのですが、どうしても「相手は良かれと思って言ってくれているのでは？」と人の話を真に受けて傷ついてしまっていました。

・嫉妬は「発作」である

ある時、同僚から仕事について「あなたのやり方は間違っている」と言われたことを気にして、大きな方向転換をしたことがありました。

そしたら「あいつ、あんなにうまくいっていたのに私が言ったことを真に受けて方針を変えてやんの！　バカみたい！」と陰で言っているのを聞いてしまって、私の顔は真っ青になります。その言葉もスルーできなくて手足がぶるぶると震えてきました。

「なんで？　みんなの意見を聞いて一緒にいい仕事をしようと思っているのにどうしてなの？」と家に帰ってから涙が溢れて止まらなくなります。「人を陥れる悪って存在するのかな？」と、これまたスルーできずに真剣に考えるようになっていました。

しかしその後、テレビで動物の番組を見ていた時に**「あ！　嫉妬って動物的な発作なんだ！」と突然ひらめきました。**それまで優しかった動物の子供が他の子に嫉妬をした時に「うわ！　猛獣になってものすごい破壊的な攻撃をした！」という場面を見たのです。

その番組を見てから自分のことを振り返ってみたら「自分も後輩に嫉妬した時にタックルをかましたことがあった！」と攻撃的な人格に変身した時のことを思い出してしまったんです。

自分で言うのも変なのですが、普段はそんなことをやる人間ではありません。後輩を「生意気！」と思って頭が「ビビビッ！」と発作を起こした時に〝破壊的人格〟になって「うわ！　いつもやらないような酷いことをしちゃった！」ということが起きていたんです。

当時はあれが「発作」だとはわからずにいました。でも、たしかに**「嫉妬」した瞬間に私の人格が破壊的人格になって、自分では普段やらないようなことをやってしまうから「嫉妬の発作」だったのです。**

・自覚がない嫉妬の発作

嫉妬の発作を起こした時は、**顔から表情が消えて能面のような顔になる**という特徴があります。

そんなことを思い出していたら「あれ？　私に〝よかれ〟とダメ出しをしてくる人も能面のような顔をしていたよな！」ということに気が付きました。能面のような顔になっていたから「真剣な話をしているんだ」と思って真に受けていたのですが、それは嫉妬の発作を起こしていたから、破壊的なことを言っていただけだというのがわかってきます。

しかも「嫉妬の発作」で変身しているので、本人には「悪いことをしている」という意識がまったくないんです。

「発作」ですから、下手をすると「え？　そんなこと言ったっけ？」と本人は覚えていないこともあります。「発作」なので酷いことを言っても記憶から抜けてしまうから、本人は「酷いことをした」という自覚がまったくと言っていいほどありません。

さらに、こちらが「発作」を起こしている人を気にすればするほど発作が酷くなるという特徴もあります。だから、私が攻撃してくる人のことを気にして反応すればするほど「炎上」していたのは、**どんどん気にされることで発作が酷くなるという状態だったんです**。

私は、いろんなことを気にしてしまう「貧乏性」でした。そのため「貧しい私には嫉妬されるようなものは何もない！」と思いこんでおり、嫉妬されているという感覚がまったく持てなくて「相手は自分のことを思って言ってくれているんだ！」と真に受けちゃっていたんですね。

・「下の立場」に嫉妬する仕組み

嫉妬の発作は「自分よりも下の立場の人間が、自分にはないものを持っている」という条件で発生します。ですから、私にとって下の立場である「後輩」が、私が知らないようなことを知っていた、ということで「ビビビッ！」と発作を起こして「破壊的人格」に変身したのです。

一方で、貧乏性である私が「いろんなことが気になってスルーできない！」というのは、「オドオドして緊張しているから私よりも下の立場」と周囲の目には映ってしまいます。そして「オドオドしてかわいそう！」という周囲からの〝哀れみ〟が上の立場の人に「自分にない優れたものをこいつは持っている！」と解釈され「ビビビッ！」と嫉妬の発作で破壊的な人格になり、「酷いことを言って陥れちゃうぞ！」となってしまうのです。

これを真に受けてしまうと発作が酷くなるので、どんどん相手からの攻撃が酷くなってしまうのです。

私は「相手が自分のためを思って言ってくれている！」とか「間違いを正すために言ってくれている！」という場合はスルーできませんでした。

でも**「あ！　嫉妬の発作だから反応したら余計に攻撃が酷くなるんだ！」とわかったら**、簡単に相手の**攻撃をスルーできます**。やがてその相手から攻撃されなくなるのは、相手の発作が起きなくなるからです。

相手の攻撃に対して鈍感になれば相手の嫉妬の発作が起きなくなるから「簡単にスルーできるようになった！」と変わることができるのです。

2-3 親がわが子を叱るのも嫉妬の一種

他人からの攻撃を真に受けてオドオドすると「こいつは私よりも下！」と周囲から思われ、ますます嫉妬の攻撃が酷くなるという悪循環に陥っていました。ところで、この「オドオド」はいつから始まったのだろうかと自分で考えてみると**「物心ついた頃から人の発言に怯えてオドオド、ビクビクしていた！」ということを思い出しました。**

「嫉妬」ということを考えた時に「親も嫉妬の発作を起こしていたんだ！」ということに気が付いたんです。**親だって所詮動物なのですから、動物的な発作である嫉妬を起こしていたっておかしくありません。**

・「しつけ」という感覚になってしまう嫉妬

子供の頃、無邪気に「きゃっきゃっ！」と遊んでいたら、母親からバシッ！とビンタをされました。「私の子供の頃は、そんなに騒いで遊ばなかった！」というのが理由でした。

これを真に受けると「騒ぐ子供は人の気持ちを考えない悪い子供だから注意して治すように促してくれているんだ」と解釈します。

でも「嫉妬の発作」として考えてみると「自分の子供」という下の立場のくせに「自分よりも自由に楽しく騒ぎやがって！」ということで**「ビビビッ！」と発作を起こし、破壊的人格に変身して「ビンタして子供を泣かしちゃえ！」**となります。

つまり、私のための教育ではなく「ただの嫉妬」だったということに気が付くのです。

母親に関してもうひとつ、こんなこともありました。私が幼稚園児の頃に、母親が子育てに疲れてしまったらしく、私は父親のトラックに乗せられて仕事場に連れて行かれて、夜遅くに帰ってきたことがありました。

幼い私は助手席でドアに寄りかかって寝てしまって、母親がそのドアを開け、どーん！　と私は頭から地面に落下してしまいました。「ビエ〜ン！」と驚いて泣いている私に父親が駆け寄ってきて、母親に「何をやっているんだ！」と言った時、母親の顔は能面のような感じで表情がまったくなかったのを今でも覚えています。

これも「泣き虫で自分よりも下の立場なのに、泣いて父親からの哀れみを得ている」ということで「自分にはないものをこいつは持っている！」となって「ビビビッ！」と嫉妬の発作を起こして破壊的人格に変身し、ただ呆然《ぼうぜん》と立っているだけで、子供を助けないという状態になってしまうんです。

私は、この時に「お父さんの仕事に付き合って、本当は寝ちゃいけないのに車の中で寝てしまった自分がいけないんだ！」という罪悪感に苛《さいな》まれ、ずっと気にしていました。

「自分が子供の頃に得られなかったものを子供が得ている」というのは、親にとっては喜びのような感じを受けるのですが、親だって動物なので「私が得られなかったのにずるい！」と嫉妬の発作を起こして破壊的な人格に変身して叱ってしまうんです。

一方、**嫉妬は発作なので「子供を愛しているかどうか」ということとはまったく関係なく、自分ではコントロールできないものです。**さらに厄介なのは、嫉妬の発作を起こしている時は、破壊的人格に変身しているのにもかかわらず「自分は子供のためにやっている」という感覚になってしまうことです。

本当は嫉妬なのに**「子供のしつけのために正しいことをやっている！」ということを信じて疑えなくなってしまうのが発作のなせる業だったりします。**

発作は脳の電気が過剰に流れる状態で、先にも書きましたが「記憶が抜けちゃう！」という現象も起きます。それと同じように嫉妬の発作で過剰な電流が脳に流れると「私は正しいことをやっている！」と思い込んでしまい「子供のためを思って！」と破壊的なことをしてしまうのです。

・美人なのに容姿に自信がない理由

別の例では、ある時、綺麗な女性が「私は自分の容姿に自信がないんです」とおっしゃっていて「なんで？　こんなに綺麗なのに？」とびっくりしたことがありました。容姿に自信がないから、他の女性の「あの人化粧が変じゃない？」というのがスルーできずに気になって夜も眠れない状態だったようです。

よくよくお話を聞いてみると、その女性は母親から「あんたは醜い！」と言われていたとのことでした。

その母親はほとんど化粧をしたことがない人で、服装も「田舎のおばちゃん」という感じ。

だから「自分の子供のくせに自分よりも可愛いと言われてムカつく！」と「ビビッ！」と嫉妬の発作を起こして破壊的な人格に変身してしまいました。そして「あんたはブッサイク！」と娘に言ってしまうのは「この子のためを思って！」という感覚でした。破壊的な人格に変身した母親は「この子の容姿目当てで近づいてくる悪い男に騙《だま》されないように〝ブッサイク〟と言ってあげている！」となります。

また「この子が自分の容姿を鼻にかけて嫌な女にならないように潰して謙虚な日本女性を作っている！」ということもあります。でも、これって発作を起こして破壊的な人格になっている論理で、本当は「自分よりも可愛いから嫉妬しちゃう！」というだけなんです。

みなさん自分の子供に嫉妬するわけがないと思っています。そして「私が子供が困るようなことを言うわけがない！」と信じてしまっています。でも、嫉妬は動物的な発作なので「自分よりも下の立場の人間が自分よりも優れたものを持っている」という条件で、必ず起きてしまうのです。

すると、**子供は親から嫉妬の発作を何度も受けているうちに「嫉妬に対して敏感に反応しちゃう！」となってしまいます。**こうなると家の外でも「オドオド」と弱者を演じてしまい、相手の嫉妬の攻撃に反応し、ますます攻撃が酷くなるのです。**親の嫉妬は非常にわかりにくいので、子供は「自分が悪いんだ！」と自分を過剰に責めるようになって、外でも他人の言動を気にする子供になってしまいます。**

よくあるのが「学校でいじめられた！」と帰ってきたら、いきなり母親が「あんたが悪いことをしたんじゃないの？」と傷口に塩を塗るようなことを言ってしまい、子供の心を傷つけることです。

これは「いじめられるような程度の低い存在」が「自分が誰からもかけてもらったことのない他人からの哀れみを、いじめられることを通して受けている」という理由で嫉妬の発作を起こし、破壊的な言動になってしまっているのです。

でも、発作ですから、親は「子供のためを思って言っているの！」と信じて疑わないのです。

2-4 「自分中心」の考え方に変える

自分の親でも「あなたのためを思って！」と言っている時は嫉妬の発作を起こしている可能性があります。「よかれと思って」とか「間違いを正さなきゃ！」というのは嫉妬の発作を起こしている人の発言の特徴なんです。それに反応してしまうと、どんどん発作が頻発するようになります。

ですから、他人の「よかれと思って」の発言を真に受けて相手の言うとおりに動いてしまったら、さらに嫉妬の発作が連発して余計なことを言ってくるようになるので「どんどん人の言動が気になってスルーできなくなる！」という仕組みになっているんです。

・自分も知らぬ間に嫉妬している

ここに面白いヒントが隠れています。親でも「あなたのことを思って」とか「間違いを正してあげなきゃ！」と思っていることに「嫉妬の発作」が関係している可能性があるということは、**自分が「あの人にちゃんと注意してあげなきゃ！」などと頭の中で正しいことをやっている、と思っている時は、知らず知らずのうちに破壊的な人格に変身しているのかもしれない、ということでもあります。**

私自身のことを振り返ってみても「人の言動をスルーできない！」と言いながらも「あの人は間違っている！」とか「あの人の為になにかしてあげなきゃ！」と思ってしまうのは「あれ？　もしかしたら親の嫉妬の発作と一緒？」となります。知らないうちに嫉妬の発作を起こして、正しいことをやっていると思いながら相手の足を引っ張っていたのかもしれないと思ったら、ぞっとします。

他人の言動をスルーできない」と思っていたけど、スルーできない背後には「私の嫉妬が隠れていた！」という可能性があったんです。

長い間私は、相手の嫉妬の発作で攻撃されて、弱い私がそれをスルーできなくて思い通りに生きられない、と思っていました。

でも、それだけじゃなくて「人のことがスルーできない」のは私自身の嫉妬の発作もあったんです。そうすると「人のことを考えている時って嫉妬されているか、嫉妬しているかのどちらかじゃないか！」となります。

相手が嫉妬している場合、その相手に注目を向けてしまうと「相手の嫉妬の発作が酷くなった！」となります。また、自分が発作を起こして「あなたは間違っている！」と相手のためを思って考えても、相手がそれに対して反応したら「私の嫉妬の発作が止まらなくなる！」という大変なことになります。

相手が嫉妬の発作を起こしている場合、自分が反応して相手の発作が酷くなればなるほど、相手は破壊的な人格に変身して、どんどん酷いことを言ってくるようになってしまいます。

私が「相手のためを思って」と嫉妬の発作を起こすと破壊的な人格に変身して相手の人生を破壊するだけじゃなくて、自分の人生まで破壊しかねない状況になっていたんです。

子供の頃から「人の気持ちを考えなさい！」と教えられて生きてきましたが、それって実は危険なことだったと気が付きました。相手に嫉妬の発作を起こさせず、自分自身も嫉妬の発作を起こさないでいるためには「考え方を自分中心にしなきゃいけないんだ！」ということになるのです。

・自分を中心に考えるということ

ここで私の中でパズルのピースがはまってきます。人の言動を平気な顔でスルーできちゃって「どんどん美味しい人生を歩んでいる！」という人は、たしかに自分を中心に生きています。

スルーできずに思うように生きられなかった私は「人の気持ちになって考えていれば幸せになれる」とずっと信じ、他人を中心に考えていました。**「自分のことを中心に考えちゃやダメ！　他人を優先させなきゃダメ！」と思っていたのは「私の周りの人の嫉妬の罠《わな》だったんだ！」ということが見えてきました。**

そして、たしかに「自分を中心に考える」ということをすると「どんどん楽な人生になって思い通りに生きられて怖い！」と思ってしまうのですが、この「怖い」と思うのが「周りからの嫉妬なんだ！」ということが実感できます。

「私は自由に生きていないのにあの人だけずるい！」という嫉妬の発作を起こして破壊的人格に変身して「自由」を破壊してこようとするのが「自分中心に考えちゃダメ！」という言動だったんです。それに反応してしまったら、どんどん相手の嫉妬の発作が酷くなるので、自分の中だけを見るようにしていると「あ！　いつの間にか嫉妬の発作がなくなった！」となります。

そして、どんどん鈍感になったかのように人の言動が気にならなくなり「自由って素晴らしい！」と感じられるようになるんです。

やがて、自由が当たり前になり、自由に対する感動がなくなるのですが今度は「好きなことをやって楽しい！」となり、やっているうちにどんどん色んな可能性が見えてきます。これは、**周りの嫉妬で足を引っ張られなくなるからなんです。**

・やがて「自分を中心にする人」が集まる

ここで「自分を中心に考えたら友達がいなくなるかも！」という不安が湧いてくる方もいるでしょう。

たしかに、嫉妬の発作を起こす人は「自分を中心」にすると周りからいなくなります。

私自身も知らないうちに嫉妬の発作を起こしていたわけですから「類は友を呼ぶ」で嫉妬の発作を起こす人が私に惹きつけられていたわけです。

「自分を中心」とするようになったら「自分を中心」に考えて成功している人たちが、今度は嫉妬の発作を起こす人の代わりに近づいてきます。

お互いに自分を中心に生きているのですが、お互いにいい刺激を受けながらこれまでの人生とは違った面白い展開が待っていたりするんです。

2-5 職場における「ドMな人」の背景

「自分を中心に」という考え方をすると「どんどん鈍感になって楽になる！」となります。でも、仕事をしていて「なにか物足りない！」と感じるようになってしまい「嫌な仕事を引き受けちゃう！」とか「下手に出過ぎちゃって人間関係でトラブルになる！」というような、逆のことをやってしまったりするんです。

せっかく「自分を中心に」と考えるようになって、適度に鈍感になって自由に生きられていたのに仕事の忙しさや、周りの雰囲気にのまれてなのか、いつの間にか「自分を中心に」ということが考えられなくなり「何かしなきゃ！」と余計なことをしちゃって「トラブルになった！」と痛い目にあってしまうんです。

・苦痛による脳内麻薬の分泌

これには、**嫉妬も間接的に関係する、ビジネスにおける「ドM」のメカニズムが**

あるんです。仕事でトラブルになって「会社を辞めなきゃいけないかもしれない！」などと悩むようになって苦しんでいると、ふとした時に「まあいいか！　辞めちゃっても！」と思える瞬間が出てきます。

これは苦痛を感じている時に脳が「苦痛を感じていたら大変！」と脳内麻薬を分泌させて「苦痛を麻痺《まひ》させちゃいます！」となっている瞬間が、フッと悟りを開いたような「どうでもいいか」という瞬間になっているんです。そのうちにまた、脳内麻薬が効かなくなって「苦痛が襲ってきた〜！」となって、そしてまた再び脳内麻薬が分泌されて「どうでもいいや！」と感じたりするんです。

これを繰り返していると「脳内麻薬が欲しい〜！」と身体が自動的に脳内麻薬を求めるようになってしまいます。**「それをやったらダメだから！」ということを自動的にやってしまうのは「苦痛で脳内麻薬を分泌させるため」なのです。**

本人はこれを意識していないのですが「なんか物足りない」と思うのは、脳内麻薬を欲している証拠。**「いじめられて快感」というマゾヒスティックな感覚は、「苦痛」で脳内麻薬が分泌されるから「脳内麻薬で快感」という仕組みで起こっています。**

そのため「なんで自分ばっかり貧乏くじを引くんだ！」と会社の中で思っていたら、ビジネスにおける「ドM」の可能性があります。

何かで成功すると「脳内麻薬が分泌されない！」となりますから、いつも困っていたり、苦しんでいたり、または怒っていたり、という状況を自ら作り出してしまうのです。

・脳内麻薬の禁断症状？

この**「ドMの体質」は小さいころから嫉妬の発作を周囲から受け続けることで作り上げられます**。親や周りの人たちの目に見えない「ビビビッ！」という嫉妬の電気ショックは痛いものです。

脳内麻薬が分泌されるのは、その嫉妬の攻撃による苦痛を麻痺させるため。すると、いつしか「脳内麻薬が欲しい」となるのは、ずっとそれが分泌され続けていたから。脳内麻薬がずっと分泌されていて感覚を麻痺させていると、それが切れた時に「調子が悪くなる！」とか「気分が落ち込んだり落ち着かなくなる」などの禁断症状が出ます。

「自分を中心に」としていると「嫉妬に鈍感になった！」と周囲からの嫉妬の攻撃を受けなくなります。すると1カ月か2カ月ぐらいで脳内麻薬の禁断症状が出てしまうのは、脳が脳内麻薬を求めてしまうから。禁断症状は「なんか物足りない！」とか「このままでいいのか？」あるいは「余計なことを言いたくなる！」ところ落ち着かない感覚です。

だから、「あと一歩ちゃんと仕事で詰めを入れていれば成功できるのに！」というところで「面倒ください！」となって失敗しちゃうのは脳内麻薬の禁断症状なんです。

ビジネスでうまくいっていると落ち着かなくて、どうしてもいつもの失敗のパターンを繰り返してしまうのは「脳内麻薬をくれ～！」となっているから。**ビジネスで失敗を繰り返している人はドM体質で単純に「脳内麻薬を欲しているから」といっても過言ではないのです。**

・ドM体質から出世体質へ

この脳内麻薬というのは「ビジネスの失敗」を誘発します。逆に考えると「脳内麻薬から自由になったら失敗をスルーできちゃう！」という状況になります。

ゆえに、落ち着かなくなって失敗の方向に自分が走りそうになったら「あ！　脳内麻薬を欲している！」と思うと「失敗をスルーできちゃった！」となります。

失敗をスルーできて、ビジネスが成功すると「成功体験のホルモンが分泌された！」となるから「こっちの方が脳内麻薬よりもいいじゃん！」ということに気づきます。

「あ！　いつものビジネスの失敗のパターンだ！」ということを何となく感じたら「私は脳内麻薬を欲している！」と気が付くだけで、「成功体験のホルモンって蜜の味！」という感じになり楽しくなっていくんです。

ドMをやめて2カ月に1回は「なんかしなきゃ！」と脳内麻薬欲しさから失敗を探したり、嫌なことを引き受けたくなりますが2年ぐらいするとそれが消えて、ドMから鈍感な出世体質に変わっていくのです。

2-6 地獄のような「いじられキャラ」からの卒業

失敗した苦痛で脳から分泌される脳内麻薬が欲しくてわざと失敗しちゃう、というのがビジネスのドMの仕組みでしたが、人間関係では「いじられキャラ」がそれに当たります。

私も会社で「発音がおかしい」とか「報告書の書き方が変！」とみんなの前で言われて「やーい！」と囃《はや》し立てられて、その場は「ははは〜！」と笑ってごまかしていました。

でも、後から「なんで私だけあんなことをみんなの前で言われなきゃいけないんだ！」とか「他の人だって変なところがいっぱいあるのにどうして私のことばかりいじるんだ！」と怒りが湧いてきて眠れなくなっていました。

今度あんなことがあったら「はっきり言い返してやろう！」とか「怒ってやろう！」と思っているのですが、会社に行くとまたイジられて、力なく「ははは〜！」と笑っていて「また地獄だよ！」と悔しい思いをしていました。

惨めな気持ちでいっぱいで涙目になってしまうのですが、**誰も私が心から傷ついている、なんてことをわかってくれません。むしろ、いじられて喜んでいる、と勘違いされていました。**

自分でも、時折「自分がいじられキャラになって職場の雰囲気を変えているんだからしょうがないのかな？」と思ったりするのですが、「何で私がいじられキャラになってみんなの犠牲にならなきゃいけないんだ！」という怒りも襲ってきて「地獄だ！　職場に行きたくない！」と思ってしまっていました。

だから、このいじられキャラを卒業したいと思うのですが、実際の場面になるとヘラヘラしちゃったり、涙目になって何も言い返せなくて「私がここで言い返したらみんなの雰囲気が悪くなるから」と頭の中で言い訳をしていました。

・なぜ「ヘラヘラ」してしまうのか

これにも苦痛を麻痺させる効果がある、脳中で分泌される「脳内麻薬」が関係しています。「あんな風に私のことをいじってムカつく！」と怒ると脳内麻薬がドバドバと分泌されるのは、怒りという苦痛を麻痺させるため。お酒も「嫌な感情を麻痺させるために飲む」ことがありますよね。家に帰って「ムカつく！」というのも晩酌と一緒になります。

不快なことを思い出して「脳内麻薬で麻痺させちゃおう」とするのですが、実際は怒りを抑える機能が麻痺してしまって、怒りが止まらなくなってしまいます。そして、**朝起きた時は、脳内麻薬が切れた状態になるので「不安だな」とか「コワいな」や「嫌だな」という気持ちが倍増します**。それが離脱症状で、お酒でいうところの二日酔いの状態です。

「いじられるのは嫌だな」が倍増した中で会社に行って「ほら！　また始まった！」となった時に苦痛も倍増しますから脳内麻薬がドバドバと分泌され、その場で感覚が麻痺するから「ヘラヘラとした態度」になって、不快な感覚が完全に麻痺するから「こいつはいじられて喜んでいる」と思われてしまいます。

しかし、これは喜んでいるのではなくて、苦痛で脳内麻薬が分泌されているだけなんです。

・怒りをぶつけずにいじられキャラを卒業する

もう一つの「いじられキャラ」の仕組みは、周囲の嫉妬にあります。

嫉妬は「自分よりも下の立場の人間が自分の持っていないものを持った時に発作を起こす」という仕組みになっています。

ですから「仕事での失敗」がいじるきっかけで「自分よりも下」となって嫉妬の発作が起きやすい条件になります。

この時に誰かが「そんなことでこの人のことをいじる必要がないじゃん！」という「憐《あわれ》み」を掛けた時に、「俺には憐みがないのにこいつは！」となって「ビビビッ！」と嫉妬の発作を起こしちゃって破壊的な人格に変身します。

嫉妬で破壊的人格に変身すると、実際には酷いことを言ったりやったりしているのに「こいつのためにやっている！」とか「会社のためにやっている！」という、正義感バリバリで「俺は間違ったことをやっていない！」という感覚になってしまいます。発作でいわば〝正義の味方状態〟になっているから、何を言っても、何をやっても太刀打ちできなくなるんです。

このいじられキャラを卒業するのは簡単です。まずは「自分を中心に考える」ということです。**「あんたのためを思って」とか「会社のためを思って」の発言はすべて「嫉妬だ！」とスルーし「相手の気持ちを考えない！」ということにしてしまいます。**

そして、不快な記憶が襲ってきたら**「あ！　脳内麻薬で晩酌をしようとしている！」と察知するようにします。**ここで「脳内麻薬で晩酌をすると朝の二日酔いがすごいからな！」ということを思い出し、不快な記憶をいじくり回して脳内麻薬を分泌させるのをやめてしまうのです。すると、翌朝起きた時に、不快な気分が軽減しているはずです。

さらに職場でいじられた時に「はあ？」と露骨に嫌な顔をするようになるのは、脳内麻薬で顔面が麻痺せず、嫌な顔がちゃんとできるようになっているから。「はあ？」一つで、周りの空気が「しーん」として「あ！　こいつをいじっちゃいけないんだ！」となるから面白いんです。

脳内麻薬で表情が麻痺していて自分が嫌だということが伝わっていなかったんだとわかる面白い瞬間が、これなんです。

いちいち相手に怒りをぶつけなくても、麻痺が取れて自然と動く感情で「こいつをいじっちゃいけないんだ！」となって、「自分よりも下の立場」ではなくなるから、嫉妬の発作が自分に対して起きないという現象が見られます。

嫉妬されないと「あれ？　全然ミスをしなくなった！」とか「喋るのが楽になったぞ！」となるから、改めて嫉妬の威力を実感する場面でもあります。どんどん周りの人の感情に鈍感になればなるほど、周囲の嫉妬の発作がなくなり「仕事ってこんなに自由に楽しくできるんだ！」という感覚に変わっていきます。

すると、脳内麻薬を使って感覚を麻痺させる必要がますますなくなるから、自分らしく生きられるようになるんです。

COLUMN 1

サーフィンをやると敏感さが薄まる？

アレルギー体質だった私は、花粉やホコリに敏感でした。ちょっとホコリっぽい部屋に入るとくしゃみ鼻水が止まらなくなるなど、すぐに辛《つら》い状態になってしまっていたんです。

その影響なのか、街を歩いていても「歩きたばこをする人が許せない！」とか「ポイ捨てをする人がむかつく！」と、いちいち嫌な気分になっていたんです。

要するに「たばこの灰を吸いこんだらイヤ!」とか、「ゴミで汚くなってアレルギー症状が強くなる!」と思ってしまい「許せない!」とスルーできなかったんです。

やがて、年齢だけは部長クラスになってしまってから友人に「サーフィンをやろう」と誘われ、海に入りました。

初心者であるうえ、体力も運動神経もあまりなかったので「ちっとも波に乗れない!」という感じで、案の定、何度も波にのまれてブクブクブクと海に沈んで大量の海水を飲んでしまいました。

しかし、数回続けてみたら「あれ?」と自分でびっくりしたことがありました。

以前は「汚い!」とちょっとした汚れもスルーできず、床を素足で歩

COLUMN 1

くことができなかった私。それが、いつしか何も考えないで素足で歩くようになっていて、床のザラザラベトベトをスルーできるようになっていたんです。

さらに、道を歩いていても「ゴミを捨てるおじさん」や「歩きたばこをしているおじさん」が気にならなくなりました。

やはり以前だったら、見かけちゃったら相手が危ない人かどうかを確認してから睨みつけていましたが、それがすっかりなくなり、スルーできていたんです。

サーフィンに誘ってくれた友人にそのことを話したら「あ！　俺、サーフィンを始めてからアトピーが治ったよ！」と言われてびっくり。その時に「免疫機能」と「スルーできない」状態は関係があるのかも……

と気が付いたんです。

免疫機能は、「身体に毒！」と判定したらその入ってきた異物を「わ〜！」と免疫が攻撃します。

でも、私の場合、片付けとか掃除はできないのに「除菌！」といって菌ばかりを気にしていると、「花粉も毒！」とか「ホコリも毒！」と普通だったら毒でもなんでもないものがスルーできなくて免疫が暴走していたんです。

それが海に入って海水を飲んでしまうことで「たくさんの雑菌」に触れ、免疫は「まあいいか！」とそれまで反応していたものをスルーするようになったんです。

免疫は脳よりも腸がコントロールしているはずなのですが、腸の免疫

COLUMN 1

が「まあいいか！」とスルーするようになったら、あんなに反応していたおじさんたちに「まあいいか！」とスルーしちゃうようになっていて不思議な気分になりました。

脳だけではなく、腸も普段の生活で「許せない！」とスルーできないことに関係していたみたいです。

サーフィンをやればやるほど雑菌に触れて「まあいいか！」とスルーするようになって、普段の生活自体も本当に楽になりました。

第3章

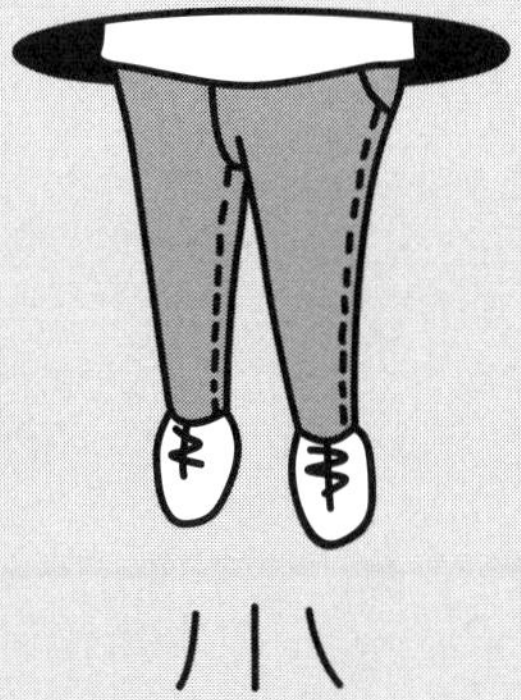

周囲からの小言を自分の中でスルーする

3-1 「真に受けない」ことの大切さを知る

以前、私は他のスタッフが上司から怒られているのを見て「嫌だな〜あんな風に怒られたら！」と怯えていました。

するとある時、上司から「何をお前は思い上がっているんだ！」と怒鳴りつけられました。私は「ヒエ〜！」と固まってしまいます。「新人のお前が一人でこのケースをなんとかできると思っているのは、思い上がっている！」と怒られたのです。「お前は自分だけがお客さんから感謝されたいから、この仕事をしているのか！」と汚いものを見るような目で言われ「私はものすごくダメな人間なんだ！」と落ち込んでしまいました。

そんな風に怒鳴りつけられて、みんなの前で「腹黒い汚いやつ！」という扱いを上司から受け、真っ青な顔になっている私を見た同僚が「あ！　気にしなくていいから！」と言ってくれました。

その同僚は「あの上司、たぶん今日は痛風が痛かっただけだから！」と教えてくれたのですが「私のことを慰めようとして言ってくれたんだな」とその時は受け取ったんです。

・イライラの真相

私は上司から言われたことがスルーできなくて「自分は新人なのに思い上がっている傲慢《ごうまん》な嫌な奴なのかもしれない」と、これまで自分のしてきた仕事が汚いものに思えてきてしまいました。「この仕事を続けていく資格がないのかも？」と本気で転職を考えたりもしました。

しかしある時、上司の奥さんが職場に来て「朝、あの人とけんかをしたのよ！」とおっしゃっていました。そして、同じ日の会議の時間「あ！　上司がイライラしている！」というのが手に取るようにわかりました。

奥さんからの情報がなかったら「私が仕事でミスをしたから怒っているのかな？」と上司のイライラした様子から考えてしまっていたところです。

そんな上司のイライラに圧倒されて、同僚が会議の報告の時に「アワアワアワ」

となっています。すると案の定、上司が「ドッカ〜ン！」と怒り出します。「なにをお前はやっているんだ！」と怒った顔を見て私は吹き出しそうになりました。

「あ！　八つ当たりしている！」

奥さんにやり込められたから、ここでやるのかと、ちょっと世の中の仕組みを垣《かい》間《ま》見た気がしました。

でも、怒られた同僚は真っ青な顔になって手が震えています。「上司の言ったことを真に受けちゃったんだね！」と自分のことを棚に上げて見てしまう私。でも、同僚に奥さんからの情報を教えるわけにはいかないので「あんなの気にしなくていいから！」としか言えません。これではただ慰めているだけとしか思ってもらえないと、自分が怒られた時のことを思い出しながら、心の中でつぶやきました。

・悪くないのに〝反省〟しても無意味

これまでは、誰かが怒っていたら「自分が悪いから相手を怒らせてしまったんだ」と相手の怒りを真に受けていました。そして「自分がダメ人間だから相手が私を正しい方向に導いてくれようとしているんだ！」と思っていました。だから、言われたことは真剣に受け止めて、そして自分を修正しなければいけない。それをしないと本当にダメ人間になってしまう、と本気で信じていたんです。

しかし奥さんからいろんな情報が入ってくると、上司の怒りのパターンが見えて来ます。

やがて、痛風が酷くなっている時の貧乏ゆすりの癖もわかるようになってきます。すると「お前は何をやっているんだ！」と怒られても「自分が悪いんだ！」と真に受けなくなります。真に受けないでスルーできるようになったら「あれ？ 真に受けていた時よりも自信が持てるようになっている！」と自分が変わってきます。

真摯《しんし》に受け止めて反省し「上司が望んでいるようないい仕事をしよう！」としていた時は、定期的に失敗をして怒られていたのですが、真に受けなくなって、上司の怒りをスルーできるようになったら「いい仕事ができているかも」と思えるようになり、ミスもいつの間にか減少し、どんどん仕事が楽しくなっていったんです。

そりゃそうですよね！ 夫婦げんかの後の八つ当たりとか、痛風で足が痛くて苛《いら》立《だ》っているのが原因で怒られて、それで反省しても、ただただ自信がなくなっていくだけです。

たとえるなら、お医者さんから「あなたのお腹に悪いものがありますね。手術しましょう！」と言われて、メスを入れて開いてみたら「あれ？　何も悪いところはありませんねぇ」と言われるようなものです。何にもないところを傷つけられて、身体にダメージを与えられてどんどん弱ってしまっては、たまったものではありません。

上司の言っていることを真に受けて、「自分が悪いんだ」と自分のことを切り開いたって、苦しみしか出てこない。その苦しみでどんどん弱り、自信がなくなっていくのは当たり前のことなのかもしれません。「ここが悪い！」と言われたところを真に受けないで、自分を傷つけなければ、元気も取り戻せます。

実際、一緒に仕事をしていた先輩たちと同僚を見ていて興味深かったのは、反省しない人の方がどんどん仕事ができるようになっていたこと。**上司の怒りを真に受けて反省する人の方が常識から言えば「正しく生きられる」と思うのですが、現実はそうではなく、どんどん仕事ができなくなっていくという現象が起こっていました。**

3-2 表面上は耳を傾けても心の中でサラッと流す

「自分の話の聞き方が悪いから」とか「自分の態度が悪いから」相手が怒っていると〝反省〟してしまうと、どんどん相手からの責めをスルーできなくなってしまいます。こちらがダメージを受ければ受けるほど、相手からの攻撃が酷くなっていくのです。

人間も動物ですから他の動物のように「弱い者は淘汰《とうた》する」という本能がありま す。その本能が働いていても、人間の場合は「相手のためを思って言ってあげている」と〝善意でやっている〟という感覚が小言を言っている本人の中にはあるんで す。**本能でやっていることと頭の中で意味づけしていることは違っているのですが、本人はそれには気が付きません。とにかく「善意でやっている」と思ってしまっています。**

ですから、相手の言ったことでダメージを受けてビビったり、固まったり、感情的になって弱みを出せば出すほど、相手の本能の部分が発揮されて、攻撃が止まらなくなってしまうんです。

・善意を受け取っているフリをする

動物的な本能だったら、動物のように、攻撃してくる相手を毅然《きぜん》とした態度で無視すればいいということになります。

ただ、人間の場合、厄介なのが本能の部分を人間特有の意識が勝手に「善意でやっている」と解釈してしまうので「私の善意を拒否した！」という具合になって、それが「私自身が拒否された！」という思考に結びつき、さらに怒りがヒートアップしてしまうのです。

ですから**「相手の善意の部分を私は受け取っていますよ」という態度を取れば、簡単に収まったりするんです。**

要するに、私の上司のように「怒りの本質」は全然違うところにあります。奥さんとのけんかだったり、痛風の苛立ちだったりして、それが強い立場のところから、弱い立場のところに流れるのが「動物的な本能」です。

それを真に受けてしまうと、どんどん弱い立場になるので、攻撃が止まらない。ただの「動物的な本能」と思ってスルーしてしまえば簡単に怒りが収まります。

ここで重要となるのが「善意を受け取っているフリをする」という仕草をすることです。

本質的な怒りには意味がありません。そのため「善意を受け取っているフリ」でもまったく問題ありません。

むしろ、そのフリだけをして相手の怒りをスルーすることでダメージを受けなくなるので、「弱い立場」に陥れられることがなくなります。すると、**強い立場から怒りを垂れ流されなくなるので、今度は自分がどんどん強くなり、いつの間にか立場を逆転させることが可能になるのです。**

・近所のおばちゃんをイメージする

では、実際に「善意で怒ってあげている！」という怒りに対し、どのように演じて受け流せばいいのでしょうか。

これは、近所のおばちゃんが「煮物を作り過ぎちゃったからもらってくれない？」

と持ってきた時の対応と同じです。

仮に「人の家のものは食べられません！」と断ってしまったらご近所関係が悪くなるのは目に見えています。なので、正直嬉しく感じられなくても「すみません〜いつもいただいちゃって〜！」と受け取るイメージ。そして、**後でちゃんともらった容器にお返しを入れて返せばいいんです**。

おかずを持ってきてくれるおばちゃんに「あんた！　それはお節介だから迷惑！」とか「家の余り物を持ってきたでしょ！」なんて言わないですよね。

これを応用し、小言を言われた時も「おっ！　小さいパックに家のおかずを入れて持ってきた！」と考え、「いつも気を使ってくださってありがとうございます〜！」という感じで受け流します。

そして、タイミングを見計らってちゃんと借りた器を返す時に、注意してくれた相手に「あなたのここは間違っていますよ〜」とちゃんと注意のお返しをしてあげます。

おかずを持ってきてくれるおばちゃんに、お返しをちゃんとすると「そんなに気を使わなくてもいいのに〜」という言葉の背景にある「お返しが迷惑なんですけど！」が伝わります。

「空の容器を返してくれるだけでいいから」とおばちゃんは言うのですが、空の容器を返してしまうと「またおばちゃんがありがた迷惑なものを入れ物に入れてきた！」と残飯処理係の気分になってしまいます。

だから、**ちゃんとおばちゃんからもらったものに近いものを入れて返すと「親切と思ってやったけど相手には迷惑なんだな」ということが伝わり、対等な関係で付き合えるようになります。**

小言を言ってくる人も同じで、ちゃんとありがたく受け取ったフリをしてから、丁寧にしっぺ返しをすればするほど「対等」な関係になっていき、仕事がどんどんうまくいくようになるのは、**余計な小言で足を引っ張られなくなるからなのです。**

3-3 小言パターン① モンスタークレーマー

ここからは、小言をパターン別にみていきましょう。

私が営業の仕事をやっていた時に「窓口の女性スタッフの対応が悪い！」とお客様が怒りだしてしまって「大変なことになった！」と連絡が来たことがありました。スタッフが「対応が悪く申し訳ありませんでした！」と深々と頭を下げて謝っても「そんな口先だけで謝られたって気持ちが収まらない！」と収拾がつきません。

そして、何度もお客様から怒られているうちに女性スタッフは泣き出してしまって「もう私はあのお客様の顔を見るのも怖いです！」となってしまって、今度は上司が対応。

上司も「今後失礼のないように対応をさせていただきます」と深く反省した体《てい》で謝罪しましたが「そんなんじゃ私の気持ちは収まらないから！」と、お客様にその対応のダメ出しをされて「あんたがそんなんだから、部下があんなふうな失礼な態度をとるんだ！」と怒られていました。

・クレーマーが泣くまで聞き倒す

そんな時に「何とかして！」と私に連絡が来てしまいました。でも、この時の私はすでに「お客様の怒りの本質は全然別なところにある」と知っていましたから、お客様がスタッフの対応について話しされても「なるほど！」とか「そうだったんですね！」と謝罪はしませんでした。**謝罪してしまったら「そこで話を終わりにしてくれませんか！」という意味になってしまい、本質的な怒りの原因が出てこないからです。**

謝罪で話を切らないように「そう！」、「そうなんですね！」、「そうだったんですね！」というように、ただひたすら話を聞くようにします。

ただひたすら聞いていると「誰も真剣に私の話を聞いていない！」という言葉が出てきて「みんな聞いている振りをしていて心の中で私のことを馬鹿にしている！」と言い始めました。

さらに聞いていると「自分の母親はちっとも私の話を聞いてくれなくて否定して

ばかりだった」という話になり、**挙句の果てに「自分は誰からも大切に扱われたことがなかったんです！」と涙を流し始めてしまいました。**お客様が涙を流されたところで、私の仕事は営業だったので、「どうされますか？　契約なさいますか？」と聞いたら「ハイ！　一番高いやつでお願いします！」とお客様が涙をぬぐいながらおっしゃって、私は心の中で「よっしゃ！」と叫び声を上げました。これでその月の営業成績がトップに近づけるかもしれないと、そんなことを考えていたんです。

でも、後日そのお客様から電話があり「あの人は怖い！　私の心中を全部聞かれてしまったからこちらにはお世話になれない！」と逃げるように去っていきました。

女性スタッフからは「私のかたきを取ってくださってありがとうございます！」と言われたのですが、私はただ話を聞いただけ。女性スタッフに「よかったね！」と言いながらも心の中では「私の営業成績よ～！　戻ってこ～い！」と叫んでいました。

・対応次第で信頼を勝ち取れる

このケースでは女性スタッフが、「態度が悪い！」と怒られた時に「理不尽なことを言われている」という感覚になり、実際にふてくされた態度になってしまったということがポイントになります。お客様の本当の怒りはそのクレームの中にはないから「理不尽なことを言っている！」とか「面倒臭い！」と思ってしまうのです。

ある意味、そう感じるのは正解です。相手の怒りの本質はそこにはないのに「でも、もしかしたら、私の態度が悪かったからなのかも？」と相手から指摘されて、それをスルーしないで真に受けると、相手の怒りがどんどん膨らんでしまいます。

なぜなら、**本人も本当の怒りとは違うことで怒っていて、言葉通りに相手が受け止めても解消されないからです**。

そこで、真摯に謝罪しても相手の怒りが収まらない場合は、怒っているポイントはそこではないと、視点を変えてみます。

ひたすら相手の話を聞いていくと「え？　全然違うところで怒っていたんだ！」ということがわかり、自分が悪いのではないということも同時に見えてきます。すると、**お客様との不思議な一体感が感じられるようになって、お客様との信頼関係が簡単に得られるんです**。

ある専門家が「人の気持ちはわからない、そして自分の気持ちすらわからない」

と言っていました。自分がお店などで店員さんの態度に怒っている時を思い出しても、その時は「店員の態度にムカついている」と思い込んでいます。

でも、前後にあったことを思い出してみると「あ！　直前にパートナーと口げんかをしたんだ！」とか「会社で上司から邪険に扱われた！」ということが出てきます。人の気持ちがわからないように、自分の気持ちすら本当はわからないんです。

お客様も同じで、**自分の気持ちをわかっている、と思い込んでいながらも本当はわかっていなくて、それを聞き出してくれたら「この人は本当に信頼できる人」に変わります**。ですから、表面的な怒りをスルーして、その奥の本質的な怒りに到達した時に、お客様の大切な信頼感を得ることができたという、面白い現象が起きるんです。

スルーするコツは簡単です。誰も自分の気持ちすらわかっていないんです。だから、それを引き出してあげればいいだけなんです。

3-4 小言パターン②
嫌味ばかり言う上司

ある日、上司から「なんでちゃんと報告書が書けないの？」と注意されたことがありました。自分ではちゃんと書いたつもりなので「まーた上司が細かいことを言ってきているよ！」と思ってしまいます。でも、上司から報告書の不備を指摘されてチェックすると「あ！　本当にできていない！」と焦ります。

ちゃんと自分では丁寧にやったつもりでも、肝心なところでミスをしている、ということが発覚するんです。こんな時に「この細かい嫌味な上司じゃなかったらもっと仕事ができるはずなんだけどな！」と思ってしまいます。

他の理想的な上司の下だったら、もっとのびのび仕事ができて、こんなくだらないミスを繰り返さないはずなのに、と思っても、それを口に出すと「甘ったれている！」とか「人のせいにばかりしているからちっとも成長しない！」と言われてしまいます。

・「上司が持っていないもの」に嫉妬する

実は「この上司じゃなかったら！」というのは正解なんです。「この上司、また細かいことを言ってきて面倒くさいな！」と思うのは、上司が私に対して嫉妬の発作を起こしているから。上司が本当に自分のことを思って注意してくれている、というときは「面倒くさい」とか「うざいな」ということはあまり感じないんです。

でも仮に上司から嫉妬されていると教えられても「え？　私は上司から嫉妬されるような才能なんかは何も持っていませんけど！」と思ってしまうでしょう。だから「上司が嫉妬の発作を起こしている」なんて想像もしないんです。

すでに述べましたが、嫉妬の発作は「自分よりも立場が下なのに、自分にはないものを持っている」という条件で起きます。

つまり、「部下」ですから「上司よりも下の立場」になりますよね。そして「上司よりも若い」ということだったら**「若さ」というのが「上司が持っていないもの」**ですから、上司の脳内で「ビビビッ！」と発作が起きて、破壊的人格に変身し「こいつは間違っている！」と注意をしてダメージを与えてくる、という面倒くさいことが起きるのです。

「上司よりも周りの同僚と楽しそうに話をしていた！」ということも「ビビビッ！」という発作を起こさせます。当然、話している自分は「私は人気者だ」なんて思わないのですが、それを見ている上司は「あんなに楽しそうに話しやがって！」と自分にない周囲のフレンドリーさに嫉妬します。

嫉妬の発作で破壊的人格に変身しますが、本人の認識では「正義の味方」になっていて「友達感覚で仕事をしているからちっとも集中できていない！　間違いを指摘して成敗してやる！」となります。

嫉妬の発作を起こした上司が私の間違いを見つけようとすれば「ほら！　あいつはこんなところで間違いやがって！」とすぐに見つけられてしまいます。そして、私は、**嫉妬の発作を起こした上司の電気ショックビームを浴びて「ビビビッ！」と感電して「自分はダメだ！」と落ち込んでしまうのです。**

もちろん、嫌味な上司にも頭にきているのですが「他の人のようにちゃんと仕事ができていればこんな嫌な目にあわないでいられるはずなのに」と思ってしまい「どうして自分はダメなんだろう」と自信を失ってしまいます。

・脳は周囲の人をまねる

実は、これにはもう一つのトリックがあります。時間を遡《さかのぼ》って、私が仕事のミスをする前に、上司の頭の中では「ビビビッ！　あいつみんなから優しくされて生意気！」と嫉妬の発作を起こします。

嫉妬の発作は、雷雲が電気を帯電している状態と一緒。その上司の脳に帯電した電気が「ビビビッ！」と私の脳に飛んできた時に「あれ？　頭が真っ白になって集中できないぞ！」となってしまいます。私が学生時代に、明日提出のレポートをコンピューターで書いていたら、雷が寮に落ちて徹夜して作成したデータが消えたことがありました。

それと同じように、上司の脳から「あいつ生意気！」と嫉妬の発作の電気が飛んできて集中力が途切れたり、いつもできていたことができなくなったりしてしまうんです。

人間の脳は「周囲にいる人の脳をまねる」という特徴があります。みなさんの中にも「緊張している人がそばにいると緊張する！」という方がいると思いますが、あれは相手の脳の真似《まね》をしているから。

上司が私に注目して「ビビビッ！」と嫉妬の発作を起こしていると、私の脳でも過剰な電流が脳内で流れてしまって「あれ？　仕事がまともにできない！」という状態が嫉妬によって作られてしまうんです。だから「この上司じゃなかったらもっと仕事ができるはずなのに！」というのは言い訳ではないんです。

相手から直接嫌味を言われたり、冷たい態度を取られてもダメージは受けるのですが、「ビビビッ！」と嫉妬の発作を相手が起こしたら、目に見えないところでダメージを受けて、脳の機能が嫉妬の電気ショックで下がってしまうんです。

・嫉妬の電気ショックをお返しする

この嫉妬の攻撃をスルーするのは結構簡単です。**上司から小言を言われて不快だなと思ったら「あ！　嫉妬されている！」と思うだけ。**それだけで「あれ？　上司の小言が自然とスルーできちゃった！」という具合になります。

このトリックはシンプルです。脳は「注目した相手の真似をする」という特徴がありますから上司の嫉妬の電気ショックで脳の機能が思うように動かなくなったら、

「仕事ができなくなるのは上司の嫉妬！」という具合に上司に注目して「ビビビッ！」と電気ショックを上司に返してしまいます。

まったく逆の音波の雑音で雑音を打ち消して静かな状態が作れる**「ノイズキャンセリングヘッドフォン」の要領です。**

上司から伝わってきた電気ショックをそのまま上司にお返しすると、電気ショックの周波数が打ち消しあっていつの間にか消えていってしまいます。

だから「あ！　上司から嫉妬されている！」と上司に注目を向けると、上司の怒りがトーンダウンしていきます。

「面倒くさいな〜この上司」と思っていた時は、どんどん上司の怒りはヒートアップしていたのに、まるで別人のように静かになります。そして、以前のように仕事でミスをしなくなるから不思議。

上司からの嫉妬の電気ショックは上司にお返しすればいい。これが「あ！　上司が嫉妬している！」と思うだけで上司の小言を「スルー！」できるという便利なスルースキルになります。

3-5 小言パターン③ 怒ってばかりの妻

ある男性は、奥さんから「なんでもっとちゃんと私の話を聞いてくれないの！」と小言を言われて「仕事で疲れているんだから、こっちの身にもなれよ！」と言ってしまったそうです。

これを言ってしまった時に、大きな地響きが鳴って、二人の間に大きな溝ができた、というのはわかるのですが**「わかっちゃいるけどやめられない！」という夫婦は少なくないのではないでしょうか**。

その奥さんは「あなたは外で好き勝手なことをやって、家事とかを私に押し付けて、ちょっとは私の身にもなってよ！」と返してきます。それに対して「お前だって、家で好き勝手なことをやっているじゃないか！　外で稼いできているのは俺なんだぞ！」と言ってしまった時は、心の中で「しまった！　言ってはいけないことを言ってしまった！」と思っています。

でも、売り言葉に買い言葉になって、自分ではどうすることもできなくなってしまうのです。

●「男性性」と「女性性」

この男性には「奥さんの小言をまともに聞いてしまったらエスカレートする」という感覚があるから、「なんとか奥さんの小言を打ち消して黙らせなければ！」と思ってしまいます。

この「エスカレートする（どんどん要求が高くなっていく）」というのは正解です。「人の気持ちはわからない、そして自分の気持ちすらわからない」という言葉を紹介しました。

奥さんの中では「何かが不快！」と思っているのですが、**その〝不快〟の原因がわからないまま「もしかして、話をちゃんと聞いてくれないからなのかな？」と実は当てずっぽうで言っているだけ。**

だから、仮に「だったら話をちゃんと聞くよ！」と男性が一生懸命に努力したところで、そこからどんどん男性に対する不満が数珠つなぎ式に出てきてしまうのを、男性はなんとなく感じられるんです。

でも、同時に男性は、奥さんの中の不満に対して対処しなければ、雪だるま式にどんどん不満が膨れ上がって「将来大変なことになる！」ということもなんとなくわかっているんです。

とはいえ、それが男性の能力でできるような気がしません。ただでさえ、職場に行けば仕事の人間関係で気を遣って疲れて帰ってきているのに、家でも妻に対して気を遣って、相手の不満や不安を解消するために努力するなんて、正直体力的に厳しいでしょう。

また、男性は「女性の気持ちを察するような繊細さは自分にはない！」と思っています。その繊細さがあったらもっと会社で成功しているし、こんな甲斐性《かいしょう》のない生活はしていないはず、というのを男性はなんとなく知っているんです。

この、「奥さんの不満や不安を解消してあげられる繊細さがない」というのも正解で、さらに、その繊細さがあったらもっと成功しているのに！　というのも大正解だったりするんです。

ここに大きなヒントがあります。なぜ、会社で疲れて帰ってきて、家に帰ったら、奥さんに対応するエネルギーがないのか――男性は「繊細さがあったらもっと仕事でも成功している」と考えていました。この「繊細さ」というのは漠然としたイメージになりますが、裏を返してみると「女性性（女子力）」なんです。

男性が職場にいる時は「男性性（男の世界）」で仕事をやっている、と思っています。その男性性を職場で発揮して、クタクタに疲れて家に帰ってきて、奥さんから、自分の専門外である「女性性（女子力）を発揮しろと言われたって無理！」ということがこれらの背景にあるんです。

男性だから、男性性を発揮して、職場で戦って疲れて帰ってくる、ということを繰り返しています。この、会社で戦う男性性が、奥さんの話を聞いてしまって発揮できなくなったら「自分は働く気力がなくなってしまうかも？」という不安があるから「奥さんの話をスルーできない！」という現象が起きています。

・奥さんの小言は「女子力の供給源」

でも、同時に「奥さんの話に対応できる女性性（女子力）を男性性と一緒に兼ね備えていたら成功できる！」という感覚もあります。

「奥さんから女子力を吸収してしまえば、仕事の能力が格段に上がるのかも！」という可能性があるんです。だったら**奥さんの小言は「女子力の供給源」としてスルーしていきます。**何を言われても「女子力アップで仕事が楽になる！」と思いながら聞いていると「なんだか奥さんの話が興味深く聞けるようになった！」と変わっていきます。

それまでは「働き続けるために自分の男性性を守らなきゃ！」と自分の男性性を揺るがす奥さんの話を拒否してきました。

でも、「女性性を自分の中に取り入れたら仕事で成功できるかも」と思って、興味を持って聞き続けていたら「あれ？　仕事から帰ってきても疲れなくなった！」となるから面白い。

あんなに家に帰ってきたら「何にもできない！」と思っていたのに「なんか趣味でも始めちゃおうかな？」と思うぐらい余力が残っています。

奥さんの話を「女子力アップ！」と思いながら聞いていると「女性ってそんな風に考えるんだ？」とだんだん仕組みがわかってきて、さらに奥さんの話に興味が持ててきます。

すると「あれ？　仕事でどんどんアイディアが湧いてくる！」と、**頭が以前よりもシャープになっている自分がそこにいてびっくり**。

以前は、一生懸命に仕事をやっていても誰からも認められなかったのに、奥さんの話で女子力アップしたら周囲の眼差しが尊敬に変わっているから面白い。

以前、奥さんに対して「あんたの話に対応できるんだったらもっと出世しているはず！」と思っていた男性の考えが「本当だったんだ！」となるから興味深いんです。

奥さんの小言は「女子力アップ！　で能力アップ！」と思いながらスルーしていくと、想像以上に面白いことが起きます。

3-6 小言パターン④ 口うるさい夫

夫から「何で片付けがちゃんとできないの？」とか「どうして冷蔵庫の中の食材を無駄にしちゃうの？」と言われると嫌な気分になってしまう女性は大勢いると思います。

「ちゃんとあなたの健康のことを考えて食材を買ったりしているのに！」とか「あなたのことを優先して自分の好きなものなんかちっとも買っていないのに！」と頭の中で思って「何でこの夫はそれをわかってくれないんだ！」と怒りが湧いてきてしまいます。

そして「あなただって、読まない無駄な本ばかり買っているじゃない！」とか「家のことを頼んだってちっともやってくれないじゃない！」と言ってしまうと、夫の方の不機嫌さがさらに増して「あ〜！　面倒くさい！」となってしまうんです。

・真に受けると夫婦関係が壊れる

この夫の小言で「面倒臭い」とか「うざい」と感じたら「夫が私に嫉妬をしているのかも！」と疑ってみてください。

中には「え？　私は夫に嫉妬されるようなものは何も持っていないですけど」という方もいるでしょう。

でも「隣の芝は青く見える」というように「会社の不快な人間関係に縛られてない」とか「時間的に自由である」や「養ってくれる人がいる」ということで「ビビビッ！」と嫉妬の発作が起きてしまい、破壊的人格に変身して奥さんの自由を破壊するような言動をしてくることもあるんです。

ですから「面倒くさい！」と感じる夫の小言を真に受けて「ちゃんと片付けよう！」とか「冷蔵庫をきれいにしよう！」としても無駄。**嫉妬の発作で破壊的人格に変身しての言動なのでそれを直したとしても「お金遣いが荒い！」とか「食事を丁寧に作れ！」などの面倒くさいことを次から次へと言ってきます。**

要するに「夫の小言」は真に受ける必要がありません。嫉妬の発作を起こしている時に「痛いところをついて来るな！」と思うような言動をするのは「破壊的な人格」に変身しているから。発作を起こしてしまうと、二人の関係を破壊するようなことが自動的に口から出てきてしまい、自分ではコントロールすることができなくなるんです。

だから、夫の小言を真に受けてしまうと、夫の嫉妬の発作に感電して「私も破壊的人格に変身しちゃう！」となって夫を傷つけるような言葉が自動的に出てきます。**発作を起こすと、お互い傷つけあって、どんどんお互いの親密な関係が壊れてしまいます。**

・夫が弱みを打ち明けるようになる

そこで、夫の小言が始まった時に「あ！　私に嫉妬しているんだ！」と気が付くだけで、夫の小言をスルーできちゃいます。「嫉妬の発作を起こしていると痛いところをついて来るなぁ」という感じで、受け流すことができます。

夫の怒りの本質はそこにあるわけじゃなくて「あなたばかりいい思いをしてずるい！」と子供のような思考になってしまっているだけ。もちろん「あなただけいい思いをしてずるい！」というのは事実ではありません。でも、ストレスが溜まって荒れ果ててしまっている夫の心から奥さんを見ると、隣の芝は青く見えるので、嫉妬の発作を止めることができないんです。

ここで気を付けなければいけないのは「私だって大変なんだから！」と主張して相手の嫉妬の発作を収めようとすることです。嫉妬の発作は「自分はこんなに大変なんだ！」という〝弱者〟になればなるほど相手の「ビビビッ！」が酷くなってしまうんです。「俺だって！　こんなに大変なんだ！」というわけのわからない主張が始まり面倒くさくなるだけ。ですから「弱者」にならなければ、嫉妬の発作は起きにくくなります。

日本の場合、昔とはだいぶ変わりましたが、まだ「男尊女卑」なる価値観が男性の中に潜んでいます。ですから「女性」というだけで「弱者」と認識してしまうのはそれのせい。

さらに「働いている自分は強者」ということになれば、余計に嫉妬の発作が起きやすくなるんです。

けれども、そこで夫の小言が始まった時に「嫉妬の発作を起こしているんだ」と憐みの目で見れば、奥さんが「強者」となります。嫉妬の発作は「強者」に対しては起きないので「ヒュ〜ん！」と夫の嫉妬の発作はトーンダウンしていくんです。

夫の脳内には嫉妬の発作が起きるぐらい「不安」や「会社での怒り」のストレスが帯電しています。それでなかったら嫉妬の発作は起きません。

嫉妬の発作に気づくということは「あーあ、会社でストレスを溜めて帰ってきたんだね」と**憐む気持ちが同時に湧くので立場が逆転し、夫は自分のストレスを奥さんに打ち明けるように脳がクールダウンすることができるようになるんです。**

ですから、**家庭内のパワハラ、モラハラは、みんな嫉妬の発作なんです。**「嫉妬の発作を起こしている」という目で見てあげるだけで、それらが治まり、夫が自分の弱みを打ち明けるようになるまで変化します。そして、その話を聞いてあげると、二人の絆は自然と深まっていくんです。

こんな感じで、夫の小言をスルーしてあげることは、とっても大切なことといえるでしょう。

COLUMN 2

なぜか失敗を繰り返す 自己敗北性パーソナリティ障害

「自己敗北性パーソナリティ障害」の人は、成功する可能性があるのに、わざと失敗したり失望したり、また人から冷たくされる方を選択してしまいます。そして、他人が「助けてあげる」と近寄ってきても拒否してしまうんです。

さらに、何かうまくいった後には、必ず悪いことが起きる、という方向に持っていってしまいます。その場に相手がいる時は、相手を怒らせたり相手から嫌われるようなことを言ったにもかかわらず「拒否された」とか「嫌われた」と傷ついてしまいます。

楽しいことがあるのにもかかわらず、それを拒否して楽しくないことをし続けます。

能力が十分にあるのにもかかわらず、その能力を自分のために使うことができません。

親切にしてくれる友達や味方になってくれる人には興味が持てなくて、その逆の自分を傷つける人に注目が向いてしまいます。

給料分だけ働くとかはできなくて、いつも自分を犠牲にして何かに尽くすことがやめられません。

この「自己敗北性パーソナリティ障害」は、現在は精神科の診断基準

COLUMN 2

の中からは除外されています。でも、不幸をスルーできなくて、どんどん不幸を選択してしまうという人はたくさんいます。

よくある例が、「え？　その人と付き合ったら大変なことになるよ！」と周りから止められるような人がいると、その周りの人の心配を拒否して付き合ってしまって「どーん！」と不幸になってしまうパターンです。

周りの人からすれば「もっとあなたのことを大切にしてくれる人はたくさんいるのに！」と思うのですが、確実に不幸にしてくれるような人を選んでしまうんです。明らかに「不幸になるってわかってるのにどうして不幸をスルーできないの？」という仕組みが、とっても興味深いんです。

これはどうやら「優しくされると発作を起こす」という遺伝子のスイ

ッチが入ってしまっていると、そのように不幸をスルーできなくなってしまうようです。

誰かに優しくされると、脳内で「ビビビッ!」と過剰な電気が流れて(発作)しまって人格が変わってしまいます。すでに本編で触れているように、発作を起こすと「破壊的な人格」に変身します。

発作で破壊的な人格になると「確実に不幸を選択する」ということをやってしまい、自分ではそれをコントロールすることができなくなってしまうんです。

そんな不幸をスルーできない自己敗北性パーソナリティ障害の人を見た周りの人が「大丈夫なの?」と心配したりすると、よけいに「優しくされると発作を起こす遺伝子」が「ビビビッ!」と発作を起こしてしま

COLUMN 2

うから、さらに不幸をスルーできなくなるという悪循環になってしまいます。

周りの人は「あなたのためを思って言っているのにどうして？」と不思議に思うのですが、逆にそれがその人の発作を煽って、どんどん不幸をスルーできなくなっていくんです。

そのため、よくしてくれる人が近寄ってくると「ビビビッ！」と破壊的な人格になり、拒否するんです。

そして、みんなが心配するようなことを次から次へとやってしまって、どんどん自分を陥れていくような感じになっていきます。優しさが、発作を起こす引き金を引いてしまうんです。

そのため、自己敗北性パーソナリティ障害の人は「私って人の優しさで発作を起こしちゃうんだ！」ということがわかっているだけで、不幸をスルーできるようになります。

たとえば「あなた、そんなことをやっていて大丈夫？」と心配してくる母親が近くにいたりしたら「お母さんの心配で発作を起こして不幸がスルーできなくなっていたんだ！」と気が付くことで、不幸な道を選択しなくなります。

また、仕事がうまく行き始めると辞めてしまう、という〝悪い癖〟がある人もいるでしょう。そういう人は「よく頑張っているね！」と優しく声をかけてくれたり「そんなに一生懸命にやって大丈夫？」と心配してくれる人がいたりした時に「この人たちの優しさで発作を起こしていたんだ！」ということがわかるようになると、その後はダメな方向を選

COLUMN 2

択しなくなるんです。

いい関係になり始めた人がいたら「いつも相手を怒らせるようなことを言ってしまう！」という人も「優しくされると発作を起こすからなんだ！」とわかったら「あれ？　変なことを言わなくなった！」となるから不思議。

つまり、自分が不幸を選択していたわけじゃなくて、「周りに発作を起こさせられていた」から、不幸がスルーできなくなっていたということなんです。

そんなことがわかるようになると、その途端、どんどん幸せになっていけるんです。

START

1

2

3

第4章

5

FINISH

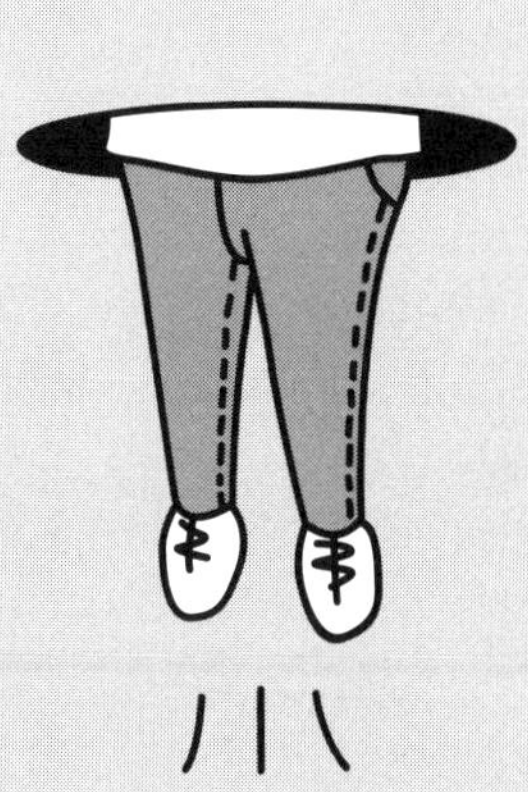

面倒くさい人を華麗にスルーする

4-1 ぞんざいに扱うと嫌われるのか

仕事で忙しいのに「話があるんですけど」と言われて「なにか真剣な話があるのかな？」と思って時間を取って聞いてみたら「え？　ただダラダラ話をしているだけ？」と、がっくりきたことがありました。

何か仕事の効率を上げる、とか職場の環境を変えて働きやすくする、あるいはもっとお客さんが来るように改善する、などの話なのかと思いきや、何の内容もない話で、「時間を無駄にされた！」という苛立ちが湧いてきてしまいました。

それでもまた同じ人から「話があるんですけど」と言われ、話し合いの場を設けると、今度は仕事の愚痴だけで、やはり何にも前向きな話がありません。それを何度か繰り返すので、やがて「やっぱりこの人のために時間を取っても何も進展がない」と思って断るようになりました。

実際、目の前の仕事をこなす必要があるから時間がないんです。しかし、**何度も**

断っていると「私のことを無視するの？」という感じで、今度は露骨に私のことを嫌う態度をとるようになったんです。これには驚く一方で、「ぞんざいに扱ったから嫌われちゃったの？」と嫌な気持ちをスルーできなくなってしまいました。

・頭が子供状態になる

この「ぞんざいに扱っちゃったかも？」と反省したくなる人には、「会話に内容がない」とか「いくら時間をかけて話をしても何も生み出さない」という印象を抱きやすい傾向があります。だから、それを繰り返されると「もういい加減にしてよ！」とぞんざいな態度になってしまうことがあるんです。

会話に内容がないと感じるのは、相手の脳内で「自分の思っていることがうまく言葉で表現できない……」となっているから、起きてしまう現象です。

たとえば、子供が両親と一緒に買い物に行って「お菓子を買ってほしい」という気持ちを両親に伝えたい時「え〜と、あのー……」とはっきり言葉が出てこなくなります。

これは「両親に拒絶されたらどうしよう」と考えてしまうから、はっきりと口に出せない状態になってしまうんです。

会話に中身のない人の頭の中でもそれと同じようなことが起きていて、「相手に拒絶されたら……」という思いがあると「もっとはっきり思っていることを言ってよ！」と思われるような喋り方をしてしまうんです。

だから、こちらが「そんな話を聞いていても時間の無駄でしょ！」とイライラすればするほど「拒絶される」という不安が強くなるから、ますますうまく喋れなくなり、はっきりと自分の気持ちが伝えられず脳にストレスが帯電します。

そして、言葉で表現してストレスを発散することをしなければ、脳にどんどんとストレスが溜まります。すると脳内の電流が「ビビビッ！」とサージを起こしてしまって記憶領域を感電させると、子供時代の記憶が勝手に引き出され、子供の精神状態になってしまうのです。

子供の精神状態ですから「あの人嫌い！」という幼児的な思考パターンに陥り「あの人とは絶対口きかない！」という子供の態度になってしまうんです。つまり、**ぞんざいに扱うことで嫌われたというより、ストレスを脳内に帯電して発作を起こして、精神状態が子供になっているだけなのです。**

この発作を起こしている人に「悪いことをしちゃったみたいだからなんとかしてあげなければ」と手を出してしまうと「ビビビッ!」と相手はますます発作を連発し、どんどん「子供じみた態度」になって〝面倒くさい人〟になります。それに腹を立ててしまうと、まるで子供のけんか状態にさせられて惨めな思いをするようになってしまいます。

ですから、もし周囲に会話の内容がない人がいたら、「なにが言いたいのかはっきり言っていいですよ」と相手から本音をひっぱり出して発作の原因となっているストレスを溜めさせない、というのが近年のスルーする方法の一つになります。「話の要点がない」ということは、頭が子供状態になっていて、不安で自分の思っていることをはっきり言えないんだな、と相手を深く理解して、それをちゃんと聞きだしてあげよう、というやり方です。

話しかけてくる度にそれを繰り返すうちに「話し合いが有効に使えるようになってきた!」と面倒くさかった人が変わり、それが職場であればチームワークが向上するんです。

・子供だと割り切って相手にしない

方法はもう一つあります。それは「職場には大人しかいない」状況にするという昭和的なスルー法です。

職場は大人の世界ですから「自分の思っていることをはっきりと相手に伝えてストレスを溜めない」という大人の態度が必要になります。脳内でストレスを溜めて発作を起こして子供返りをしてそれができないのであれば「発作を起こしている子供なんだな」とスルーします。

脳内のストレスで発作を起こしている場合は、関われば関わるほど発作が酷くなる、という特徴があります。だから「発作を起こして子供になっている」とスルーすることで、相手の脳内の発作は自然と収まってきます。「ぞんざいに扱って私が悪いことをしたかも」と謝ったり、フォローしたりしてしまうと、どんどん発作が連発し、「この人は面倒くさい！」となってしまうんです。

「発作を起こしている子供は相手にしない」が最も簡単なスルー法なのかもしれません。

4-2 逐一対応していたら心がボロボロになる

昔は会社で「皆さんで飲みに行きましょう！」ということがよくありました。一緒に酒を飲んで普段できないようなコミュニケーションで信頼感を高めていこう、という目的があったんだと思います。

でも、こうしたお酒の席では、ある一定の時間を過ぎると「突然あの人が怒りだしてクダを巻いている！」とか「急に泣き出してしまった！」あるいは「同じことを繰り返し言っているよ！　その話はさっきから20回ぐらい聞きましたから！」という面倒くさいことが起きます。

・「発作」は酔っ払っている状態と同じ

これらはすべて**「お酒」で脳の電流が乱れて、普段脳にストレスを帯電している人が「ビビビッ！」と発作を起こすことでみられる現象です。**「ビビビッ！」と電流が過剰に流れて発作を起こすと、それが脳の「怒りの部位」を刺激し、突然怒り出したります。

同じように、電流が脳の「泣く部位」を刺激すると「ワ〜ン！」と泣き出し、「記憶の部位」を発作の電流が刺激すると「記憶が飛んじゃうから何度でも同じことを初めて話したように話せちゃうぞ！」ということが起きます。もっとも、この人たちの話を聞いている時は、「酔っ払っているから」と思えるので「はい、はい」とスルーすることができるでしょう。

問題は、お酒を飲まなくても、ストレスを溜めているだけでお酒を飲んだ時と同じように発作を起こしてしまう人です。お酒を飲んでいる時は誰でも簡単にスルーできると思いますが、飲んでいない場合だと真に受けがちです。

真に受けて逐一対応していたら、発作がどんどん酷くなるのが発作を起こす人の特徴であることはすでにお話ししました。脳内の電流が「ビビビッ！」と発作を起こしている時に「なんとかしなきゃ！」と触れば触るほど酷くなり、面倒くささが倍増します。

逐一対応することで「面倒くさい人がさらに頻繁に面倒くさいことを言ってくる

ようになった！」となってしまうんです。

・スルーできれば体調もよくなる

ある女性は、食事を作ったら旦那さんから「なんでこの味噌汁は薄いんだ！」とクレームをつけられたことがありました。女性はこれをまともに受けてしまい「あなたの血圧のことを考えて薄口にしているの」と伝えてしまいます。すると「こんなの薄くて飲めねえ！　お前の味覚がおかしいだろ！」と罵倒《ばとう》されたそうです。

女性は心の中で「面倒くさい」と思いながらも「ちゃんと味見をしながら作っているからそんなに不味《まず》くないじゃない！」と伝えます。すると旦那は「お前の料理は愛情が足りないんだよ！」と失礼なことを言ってきます。

当然、言われた女性は「ちゃんといつも時間をかけて作っているのになんでわかってくれないの？」と怒りが湧いてきます。

旦那は「お前とは味覚も合わないし性格もちっとも合わない！」と怒り出してとうとう席を立ってしまいました。

ストレスで脳が帯電して発作を起こしていると、このように逐一対応すればするほど発作が酷くなって相手が子供のような態度を取ってきます。それを真に受けてしまったら「旦那の言葉に傷つけられた」と心がどんどん傷ついてボロボロになり、やがて動けなくなってしまうことだってあるんです。**「身体が怠《だる》い」とか「疲れが取れない」がその初期症状になります。**

もし、そんな症状が出たら、発作を起こしている人にまともに対応し過ぎている可能性が考えられます。

そこで、**相手に対して「面倒くさい！」と思った瞬間に「これが発作なんだ」と認識してみるようにしましょう。**発作を起こしている時は「酔っぱらっているのと一緒」ですから「はい、はい！」で終わります。真に受けないでスルーすればダメージを受けないので、心がボロボロになることもありません。そして、相手の発作も収まります。

先ほどの例に当てはめれば、料理の文句をつけてくる旦那さんに対して奥さんが「あ、発作を起こしている」とスルーすると「まぁ、不味いことはないか」とちゃんと料理を褒めるようになります。あんなに説明したって褒めなかった人が褒めるようになるんです。

ちなみにこの女性も身体が怠かったそうですが、旦那の発作をスルーできるようになってからは朝もスッキリ起きられるようになり、元気を取り戻しました。

それまでは、自分が悪くて身体の調子がおかしい、と思っていたので、元気になってみて初めて「あの旦那の発作って本当に私にダメージを与えていたんだ」ということがわかるんです。

4-3 面倒くさい人たち①
頻繁すぎる上司の飲みの誘い

「上司の飲みの誘いが面倒くさい！」と思うのであれば、その上司は発作の人です。人の中には、発作を起こしやすい人と起こしにくい人がいます。そして、発作を起こす引き金も人によってさまざまなんです。

「面倒くさい」と思う相手は高い確率で「発作の人」であり、その人はちょっとしたきっかけで発作を起こして面倒くさい態度を取ります。それに対して、まともに対応してしまうとどんどんその発作が酷くなり、面倒くささがエスカレートしていきます。

•「コミュニケーションのため」と信じている

この「頻繁すぎる上司の飲みの誘い」の場合は、上司が発作の人で「部下からの拒絶」が発作の引き金となります。「発作」の引き金は人によって違っていて、ある人は「相手から嫌われているかも？」で発作を起こしますし、またある人は「相手から馬鹿にされている」という不安や怒りで脳内に帯電している電気が「ビビビッ！」となってしまうんです。

発作を起こしている時は本来の人格とは違い「破壊的な人格」になってしまいます。脳内の電流の異常で不安や怒りがコントロールできない状態になって「私を不安にしたり怒らせたりする相手を破壊してやる！」と破壊的人格になることで、相手との関係を破壊する言動をしてしまいます。

でも、上司は「自分が破壊的人格になっている」という自覚がまったくありません。逆に、破壊的な人格に変身した本人は発作で認知が歪んでしまって「自分は正しいことをやっている」ということを信じて疑わないんです。

ですから「職場のチームワークをよくするために飲みに誘っている」とか「部下のコミュニケーション能力を上げるために誘っている」というような感じで**「相手のため」とか「会社のためにやっている」という感覚になっています**。だから、余計に面倒くさい。

上司から「仕事が終わったらみんなで一緒に飲みに行こう！」と誘われて「今日

はプライベートの予定が入っていまして、また、次回誘ってください」と断ったことをイメージしてみます。

するとこ「こいつ、仕事よりもプライベートを優先して、やる気がないな!」と思われているのが上司の不快な表情から読み取れてしまう人は少なくないのではないでしょうか。その上司に「こいつ仕事のやる気がないな!」と思われてしまうのが心外で、スルーできなくなってしまいます。

別のパターンだと、上司から「今夜の予定はどうなっているの?」と聞かれて「あー、一緒に飲みに行きたいのね」ということがわかることがあると思います。そこで「今夜はちょっと連日帰りが遅くて疲れているから」と伝えようとすると、上司が道端に捨てられた子犬のようなかわいそうな顔をするので、やはりスルーできません。

あるいは、上司が「今日はちょっと話があるから一緒に付き合え!」と言ってくることもあるでしょう。「体育会系のノリなんて今時の部下から嫌われちゃうよ!」と思いながら「今日は遠慮しておきます」と断ってしまったら「俺のことをバカにしているだろ!」と面倒くさい反応をされるのがわかっているからスルーできず、嫌々「はい！　行かせていただきます」と言ってしまうと思います。

・断る時は満面の笑みで

「上司の飲みの誘いが面倒くさい！」と感じる時は相手に「発作」が起きている時になります。ですから、それを真に受けてしまうと発作が連続してしまうことになります。

さらに厄介なのは「破壊的な人格になっている」ということです。ですから上司の発作を真に受ければ受けるほど、上司との信頼関係が破壊されたり、体調が悪くなるなど、恐ろしいことが起きてしまいます。

上司は「俺と一緒に飲みにいけば仕事ができるようになる！」とか「社会性が身について仕事のコミュニケーションが良くなる！」と本気で信じています。

でも、その裏には「破壊的人格」が隠れているので真に受けたら潰されるだけなのです。

とはいえ、「真に受けなきゃいいんだ！」と思っても、いざ上司から声をかけられたら「蛇に睨まれたカエル」状態になってしまって、どうしたらいいのかわからない方も多いと思います。

でもこれは、面倒くさい上司の脳の「発作」の電流が飛んできて、感電してしまっているだけ。この電流に感電して「ちゃんと説明して断らなきゃ！」と緊張すればするほど、上司の発作が酷くなってしまいます。

だから、**満面の笑みで「今日はパスさせていただきます！」と上司に伝えると「あれ？　すんなりスルーできちゃった！」という具合になります。**「発作」を理解すると、スルーするのが楽になるんです。

「上司のプライドを傷つけないように」とか真に受けてしまって「理由をちゃんと説明しなきゃ！」って真面目にやっていたのが、上司の発作を酷くして飲みの誘いを連発させていたのね、ということがわかるようになるんです。

4-4 面倒くさい人たち②
詮索好きな先輩・同僚

ある女性は職場の先輩から「ねえ、誰か付き合っている人とかいるの？」とプライベートなことを仕事中に聞かれました。「今はいないです」と答えると「いつからいないの？」と聞いてきます。職場の先輩だから「これってセクハラになりますよね！」と心の中で思うのですが「仕事がやりにくくなるかもしれない」と思うとスルーできなくなって、答えてしまうんです。

しかし答えてしまうと「何で前の彼氏と別れちゃったの？」と古傷に触れてきます。**そこで嫌な顔をすると「言えないようなことがあったの？」ともっと突っ込んできて「面倒くさい！」と本気で職場を辞めたくなってしまったそうです。**

・「しっぺ返し」で詮索してくる先輩を撃退

この「職場なのに先輩がプライベートなことを聞いてくる」という時は、心配が嫉妬の発作を引き起こしているといえます。「え？　私は嫉妬されるものは何もないのに！」とその方は言います。

でも、その先輩の場合、女性の若さに嫉妬していて、さらには「周りの人の注目が私から奪われた！」ということで「ビビビッ！」と嫉妬の発作を起こして「破壊的な人格」に変身しています。嫉妬の発作からのプライベートなことへの質問だから、心にダメージを受けて「この仕事を辞めたい！」と思ってしまうんです。

もちろん**発作を起こしている先輩は「破壊してやる！」という自覚はなくて「この子をちゃんと職場になじませてあげるために質問をしている」と思っています。**

「プライベートをオープンにすれば職場にもっとなじめてみんなと仲良く仕事ができるようになる！」と本気で信じているんです。でも、その裏には「嫉妬」があって、破壊的人格で聞いてくるから、女性はスルーできなくなって、質問を「不快」と感じるんです。

このような、プライベートなことを詮索してくる会社の先輩の場合は「しっぺ返し」というスルーの方法があります。

「付き合っている人は？」と聞かれたら「今はいませんが、先輩はいらっしゃるんですか？」と相手に質問を返します。仮に相手が結婚をしていたら「旦那さん以外に付き合っている方はいらっしゃるんですか？」とやってしまうのも手です。**こちらが相手に質問返しをすることで先輩の鏡になってあげて「あなたのやっていることはこんなことですよ！」と笑顔で映し出してあげるんです。**

彼氏と別れた件を聞かれた時も「私は遠距離で別れたんですけど、先輩はどんな理由で別れてしまったことがあるんですか？」と興味もないのに聞くのは「しっぺ返し」をして嫉妬の発作を止めるため。

嫉妬している己の醜い姿を見た時に「あっ、いけない！」と発作が解けて先輩は元の姿へと戻り、淡々と仕事をするようになるんです。

・「アドバイス」したがる同僚

別のある男性は「同僚からプライベートな質問をされて不快になる！」と言っていました。「休日は何をしているの？」と聞かれて「疲れて何もできないんだ」と真面目に答えると「え？　どこも出かけないの？」と言われて「出かけるお金も相手もいないし」と答えると何だか惨めな気持ちになってしまいます。

すると同僚が「貯金とかしているの？」と余計なことを聞いてきて「全然していないけど」と答えると今度は焦りが出てきて「貯金をしていない自分はやばいんじゃないか？」と不安になってしまいます。すると同僚は「まあ、まだ若いし大丈夫だよね！」と意味深な顔でそれを言ってくるので、気になって「仕事に集中できない！」という状態になってしまうそうです。

これも、同僚が「嫉妬の発作」を起こしている可能性があります。「え？　同僚の方が仕事もできてルックスも良くてみんなから慕われているよ」と男性は言います。男性は仕事ができなくて女子社員から「あんなに上司から怒られてかわいそう」という目で見られている、というのです。

実はその同僚は、その男性が仕事ができなくて「かわいそう」という周囲からの「憐み」を自分は受けていないのに、なんであいつばっかり、という感じで嫉妬するのです。

「そんな憐みはいらない！」と男性は言います。でも「憐み」は人からの「優しさ」だから、**同僚は「優しさがこいつに奪われる」ということで嫉妬していたんですね。**

同僚は嫉妬で破壊的人格に変身しちゃっているから「どんどん惨めな気持ちになる」

となってしまうんです。

でも、同僚の頭の中では「いいアドバイスをしてプライベートも助けてあげなくっちゃ！」と思っているから根掘り葉掘り聞いてくるんです。

「発作」は真に受けたらどんどんエスカレートしたり、頻繁に質問をしてくるようになったり、ということが起きます。そのため「仕事中はプライベートなことはあまり話したくないから！」と真面目に答えてしまうと、仲間外れになるという不安を煽られてしまいます。

また、「それを聞いてどうするの？」と不快な顔で言ってしまったら、同僚が敵意をむき出しにして、職場で肩身の狭い思いをするようになってしまうことも考えられます。

この男性の場合は**「なに？　僕のことに興味持ってくれているんだ！」と答えたら、同僚が「はっ！」と我に返ります**。

発作が収まって「ごめん、余計なことだったね！」と引き下がって、それからプライベートなことを聞いてこなくなりました。「真に受けない」ってスルーするのにとっても大切なんです。

4-5 面倒くさい人たち③ 高圧的な取引先

ある女性は、お店のホームページ作成を依頼され、綿密な打ち合わせをして予算を決めてから仕事を引き受けました。

すると**作業の中盤になって「ホームページ内で検索機能もつけて」と無理なことを言ってきます。**「最初の予算では、それはちょっと無理かと」と伝えると「だったらもういい！　他の人にこの仕事を回すから！」とありえないことを言ってきたそうです。

しかも、これまでこのホームページ作成にかけた時間分もちゃんと支払ってくれる様子がなくて、最初から「その技術があると思ったから頼んだ！」とこちらの責任にしてきて「予算内でそれをやれ！」と言ってくるんです。

仕方なくその相手の要求にこたえるように徹夜をして作業を進めていると、今度は「何で納期を守れないんだ！」と怒り始めました。「追加で注文をされた項目がたくさんあって、それで時間が掛かっているんですよ」と説明すると、相手は「そんなことをわかっていて、ちゃんと計算に入れていないあなたの仕事の仕方がおかしい！」とこれまた無理なことを言ってきます。

「もうありえない！」と、せっかく仕上げにかかっていた仕事を放り投げたくなってしまったそうです。

・「特別扱い」していると思わせる

まず、「無理難題を押し付けて面倒くさい」と感じたら、その人は発作を起こしています。「発作」と気づかないで相手の話を真に受けてしまうと、どんどん無理難題がエスカレートしていくのは、発作という火に油を注いでいるような状態になるから。

この発作を起こして無理難題を押し付けて来る人の場合、**発作のきっかけが「自分は特別扱いされていない」ということだったりするんです**。自尊心が高い人だったら「特別扱い」というのは必要ないのですが、ものすごく低い人の場合「普通の対応」をされると「馬鹿にされているのかも！」と不安になって、それが発作を引き起こしてしまうんです。

ですから、相手の話を真に受けて「通常のお客様の場合は」とか「他のお客様は」という真面目な説明をしてしまったら「特別扱いじゃない！」となって発作が酷くなって無理難題がエスカレートしてしまうんです。

相手は「発作」で破壊的人格に変身していますから「時間的」そして「金銭的」に破壊されちゃいます。

でも、発作を起こしている本人は「いい仕事を適正価格でやらせてあげている」と本気で思ってしまうんです。発作の電気で脳内の金銭的感覚、そして時間的な感覚が歪んでしまっています。

この発作の仕組みを知った女性は、**相手の要求に対して「お客様には特別にこの価格で追加分をやらせていただきます！」とちゃんと見積もりを出して「特別値引き！」と赤い字で書いて渡しました。**

すると相手は発作が収まって「そうか！　じゃあ、それでお願いしようかな」とちゃんと追加分の料金を払ってくれたんです。

さらに、無理難題の要求をしてきたときは「わかりました！　お客様には通常とは違った特別価格でやらせていただきます！」と伝えると「まあ、今回はいいかな！」とちゃんと発作が収まって要求をひっこめたではないですか！　女性は「本当に発作で人って面倒くさい人になるんですね！」とびっくりしていました。

・「お得」を連発する

別のある会社員の方は、面倒くさいお客さんに注文のことで振り回されてしまいました。

一度、話し合った値段で納得してくださった、と思ったら、ほかの業者とも話をしていて「もっと値段が下げられるだろ！」と無理難題を押し付けてきます。他の業者とは仕事の仕方が明らかに違うことはお客さんも知っているはずなのに、そんないじわるのようなことを言ってきて「面倒くさい」状況です。

そんな時に丁寧に「他の業者とうちの仕事の違い」というのを説明すると「でも、ここのコストはカットできるだろ！」とか「ここはサービスでやれるだろ」とまったくこちらの都合を考えないで無理な要求を押し付けてこようとします。「これだったらもうこの人と仕事をしたくない！」と思うまでになってしまい「やっぱり相手は発作の人なんですよね」とその会社員の方が私に聞いてきました。

このお客さんの場合**「損をする」ということで発作が起きていました。**こちらが丁寧にコストのことを説明すればするほど「自分が損をさせられるのでは？」と不安になり、そして「発作」が起きて認知が歪んで、コスト計算と品質の問題が矛盾してしまうという状態になってしまいます。

この仕組みが見えて来た会社員の方は、お客さんとの打ち合わせで**「これはお得ですよ！」という言葉を連発します。**すると面倒くさそうな表情だったお客さんの顔がみるみるゆるんで「本当か？」と笑いながら言ってくれて発作が止まったことがわかったんです。

「発作」が起きることを理解して対応すれば、簡単にスルーすることができるんです。

4-6 面倒くさい人たち④ しつこいセクハラ発言

ある女性が職場の先輩から「あなたが足を出していると下半身太りに見えるね」と真面目な顔をして言われたというケース。

その女性は下半身が痩せられないコンプレックスがあり、先輩はそれだけは言われたくないというセクハラ発言を先輩は平然としてきました。先輩は、〃加害者の意識〃を満喫しているように見えます。**人を傷つけて、惨めな気持ちにさせて、それで優越感に浸っている、という感じです。**

他にも「仕事を辞めて子供を産んで育てたら？」とか「あ！　でも、相手がいないんだっけ！」などと言われて「職場でないところでこんなことを言われたら泣いているよな」と思い「この先輩、面倒くさい！」と嫌悪しながらも「ハハハ……」と笑うしかないそうです。

しかも、こうやって笑って聞き流しても、先輩は「冗談だから」とかフォローを一切せずに仕事に戻ってしまいます。

「セクハラ発言で傷ついた」と騒ぎ立てたら、周りの人から「何であの子は先輩が場を和ますために言っている意図を読まずに悪者扱いしているの？」と逆に加害者扱いされてしまいそうで何も言えず、どんどん職場に行くのが億劫《おっくう》になってしまったそうです。

・最もシンプルな嫉妬の発作

セクハラやパワハラも「発作」から起きます。多くの場合、「弱者」という立場が引き金となって起きてしまうんです。

ご存知のように、最近ではだいぶ変わってきましたが、それでもまだ日本は時代遅れで、男尊女卑的な文化があります。

ですから性別の違いで「弱者」と見てしまったら、それが発作の引き金になって「ビビビッ！」と破壊的な人格に変身して、言ってはいけないことを平気で言ってしまいます。

破壊的人格ですから、相手に嫌悪感を起こさせて、確実にダメージを与えるようなことを言ったりやってきたりするんです。

この場合も、先輩の頭の中では「いじめることでかわいがってあげている」とか「注目をしてあげていることを示しているだけ」など〝相手のためを思って〟という認識になっています。

さらに厄介なのが「発作」なので脳内の電気信号のサージで記憶の部位が刺激されて「言ったことを覚えていない！」とか「全然違う風に言ったことになっている！」というように記憶の改ざんが起きているのです。

ゆえに、仮に「先輩は仕事を辞めて子供を作れって言ったじゃないですか！」と伝えても、先輩は「そんなことを言っていない！　子育てって楽しいよ、とだけ言ったのにあなたが被害的に受け取っただけ」と改ざんされてしまいます。「発作」で**記憶が改ざんされてしまうから、先輩の都合のいいように書き換えられ、さらに精神的にダメージを受けてしまうのです**。

この「相手が弱者」という引き金で発作を起こすのは、最も動物的な発作です。

ですから、対応も動物的でシンプルなものになります。

「弱者」という認識は、先輩の攻撃に対して「怯え」や「憤ってしまう」などの反応を返すことで持たれてしまいます。

なので**あなたが「強者」という認識を相手に持たせて発作を起こさせないようにするには「無視」が一番有効になるんです。**

「ハハハっ！」とか「そんなことを言うのやめてくださいよ〜！（笑）」などと反応したら「弱者」になりますが、**「無視」をすると「あれ？　弱者じゃない！」というふうになり、相手のセクハラ発言が止まります。**

その女性は、普段は普通に会話をしていて、先輩のセクハラ発言が出たら「無視」をして、そこから無反応で去っていくようにしました。すると、いつの間にかその先輩が気を遣うようになりました。発作を止めてセクハラをスルーするのは、意外と簡単なんです。

・実は男として自信がない人

別のある女性は「これは絶対にセクハラでしょ！」と受け取れる、体形のこと、そして性的な話題を取引先の人が常に言ってくると悩んでいました。

これに対して反応をしないでいると、今度は「何でふてくされているの？」と仕事の相手が逆に不機嫌な態度を取ってきて、嫌な気分になりました。

それではちっとも仕事が進まなくなるので、笑顔で対応するとまた、セクハラ攻撃が始まり、うんざりして、朝も気分が悪くてとうとう起きられなくなってしまったんです。

このタイプの「面倒くさい人」は「性」を引き金に発作が起きてしまいます。そう聞くと「性的欲求で相手を見るから発作が起きる」という風に感じられてしまうのですが、実は**「性同一性に不安がある」から「性」を意識した時に発作を起こして**「異性に性的な言動でダメージを与える」ということをしてしまうのです。

「え？　あのセクハラ男は、男性として自信があるようにみえるけど？」と女性はおっしゃっていました。

でも「もしかして、本当は自信がないのかも？」と思って、**その取引先の人がセクハラ発言をした時に「この人は男として自信がないんだ！」と思いながら話を聞いていたら簡単にスルーできてしまいました。**

そして、これを繰り返していたら、いつの間にか近寄ってこなくなってしまったんです。

この女性は、自分が嫌がれば嫌がるほど、相手が「男性を誇示できた！」となるから、ますますセクハラ発言が酷くなってしまっていたことに気づき、腑に落ちたそうです。

発作って、本当にいろいろな引き金で起きて、面倒くさい発言が止まらなくなってしまうんです。

4-7 面倒くさい人たち⑤
執拗に交際を迫ってくる同僚

ある女性は「お付き合いしてくれませんか？」と会社の飲み会の席で同僚に言われ、はじめは「あ〜冗談ね」と思って聞き流していたけど、その後改めて食事に誘われ、固まってしまいました。

その人にはまったく興味がないので「なんて断ったらいいんだろう？」ともちろん断ることが前提で考えているのですが「同じ職場だし断って傷つけたら面倒くさいことになる！」という思いから「今はちょっと忙しいから」という言い方をしてしまいます。すると「いつだったらいいんですか？」と面倒くさい発言をする男性。

「やんわりと断っているんだから察しろよ！」と思うのですが、ちっとも伝わりません。

何度か誘われていて、断ってばかりだと悪いと思って「みんなと一緒に行きましょうよ！」と伝えてみんなと一緒に食事をする約束をしたら、いつの間にか二人っきりで食事をする流れにさせられて困ってしまいました。

友達にこのことを相談したら「あんたが中途半端な断り方をするからいけないんじゃない？」と、自分でもわかっていることを言われてしまいます。でも、断ったら絶対に面倒くさいことになる、という予感がするからはっきりと断れないのを、誰もわかってくれなくて困っているんです。

やがて職場では「あの二人は両想いみたいよ〜？」という迷惑なうわさまで流れてしまって「勘弁してよ！」と本当に面倒くさいことになってしまいました。

・なぜ諦めてもらえないのか

このタイプの面倒くさい人は「拒絶」を引き金に「発作」を起こしてしまって破壊的な人格に変身しています。

「え？　付き合いたいのだから破壊的人格とは無縁じゃないの？」と思う方もいるでしょう。この発作で破壊的な人格になると「相手が嫌がることを何度もしてしまう」というのが「しつこく誘う」ということ。そして、**ストーカーまがいなことをして気持ち悪がらせてしまう、というのが破壊的人格なんです。**

もちろん本人は「私はあの人のことが好きだから、これくらいやって当然」と信じて疑わないんです。

でも、発作でやっていることは、相手を気持ち悪がらせて「拒絶」を感じれば感じるほど「発作」が酷くなり、気持ち悪がらせることをやめられなくなってしまうんです。

相手を諦めさせるために「私には好きな人がいます」とか「会社の人とお付き合いすることはいたしません」と伝えてもさらに発作が酷くなるだけ。なぜなら「拒絶」がそこに含まれているから。

その女性は、これを聞いて「『拒絶』が含まれない断り方ってどんなの？」と考えます。ちょっとでも拒絶が入っていたら、発作を起こしてどんどん面倒くさいことを言ってくるのは、これまで体験して十分にわかっています。

●「拒絶」しない断り方

やがて拒絶しないものは「あ！　お金か！」とその女性はひらめきました。そして、例の男性が「ねえ、僕と付き合ってくださいよ～」と近寄ってきた時に早速**「お**

金はあなたのことを裏切らないから！」と伝えると「え？」という顔になりました。

「なにを言っているんですか？　付き合ってくださいって言っているのに！」と言ってきた時に「だから、お金はあなたのことを絶対に裏切らないから！」と伝えると「わけがわからない！」と去ってしまいます。

食事に誘われても「お金はあなたのことを裏切らないから」と伝えると「何の意味ですか？」と首を振りながら去っていきます。そして、いつの間にか近寄ってこなくなって、別の女性に声をかけているのを見た時は「裏切り者！」と女性は心の中で叫んでいたのでした。

発作を止めてスルーするって、とってもエキサイティングなんです。

COLUMN 3

ダメな人をほうっておけない場合の対処法

人間関係で、人生はガラッと変わったりします。

全然異性からモテなかった人が「モテる人と仲良くするようになったらどんどんモテるようになった！」という現象を学生時代に目撃して、人間関係ってとっても大切なんだ、ということに気づきました。

これと同じように、勉強ができるようになりたかったら、勉強ができる人たちと付き合うと、成績がアップすることがあります。もちろん仕事も同じで、仕事ができる人たちと付き合うと「バリバリ効率良く仕事が楽しくできるようになった！」という感じになる。

そんなことはなんとなくわかっているのに、どうしても「ダメな人」をスルーできない。逆に「そんな、ダメな人なんて言ったら相手に失礼じゃない！」と怒ってしまう人がいると思います。

しかし、本当にダメな相手じゃない場合は、怒る必要はないんです。だから、怒りが出た場合は、心の中で「このダメな人を守ってあげなければ」と上から目線で見ていて「対等」ではありません。そして、対等な立場の人と付き合っていなければ「相手から足を引っ張られる」という現象が必ず起きます。

そんな人に足を引っ張られていると、不幸をスルーできなくなります。

COLUMN 3

ところで、不幸とはそもそも何でしょうか。

それは、本来の自分の姿で生きられないこと。だから、不幸をスルーできない人は「なんか違うんだよなぁ……」と、ずっと〝不全感〟を抱えています。

でも、自分の努力ではどうしようもない気がする人もいるでしょう。

それは「人間関係」に問題があるからなんです。

だったら今の人間関係を切ったら物事がうまくいくのか？　と言ったら、答えは「ＮＯ」です。

今の人間関係を切ったところで、ダメな人をスルーできず、同じことを繰り返してしまうからです。この現象は単純に「自己肯定感が低いから低い相手を選んでしまう」ということになります。

自己肯定感が低いから、といっても、これはただの習慣で「自分よりも低い人を選んでしまう」というだけ。低い人を選ぶから「自己肯定感が低くなる」という現象が起きているんです。

そのため、これが「習慣だ」と思えたら「ダメな人」はスルーできるようになります。相手のことを「ダメ人間」と頭の中で思った時に「ダメ人間と思ったらかわいそうじゃん！」とか「ダメ人間と思ったら悪い」という人は、気を付けましょう。その人に足を引っ張られていて不幸をスルーできなくなっています。

そんなタイプの人はスルーして「あんな人になってみたい！」という人と付き合うことで、不幸はどんどんスルーできます。

これは、自分の家族であっても同じことが言えます。「かわいそう」

COLUMN 3

と思ったらアウトですから、距離を置いて、自分が理想とする人と付き合うようにします。

家族の場合で興味深いのは、自分が不幸をスルーできるようになって、尊敬できる人から影響されて理想の自分の姿に近づけば近づくほど家族も変わることです。家族はお互いに影響しあっているので、自分が変わると、それを実際に相手が意識していなくても目に見えない影響で家族もどんどん理想の姿に変わっていくんです。

ですから「私がなんとかしてあげなければ！」という気持ちは実は必要なくて、不幸をスルーできるようになってどんどん幸せになれば、周りの人たちもそれに影響されて不幸をスルーできるようになり、幸せになっていくんです。

START

1

2

3

4

第5章

FINISH

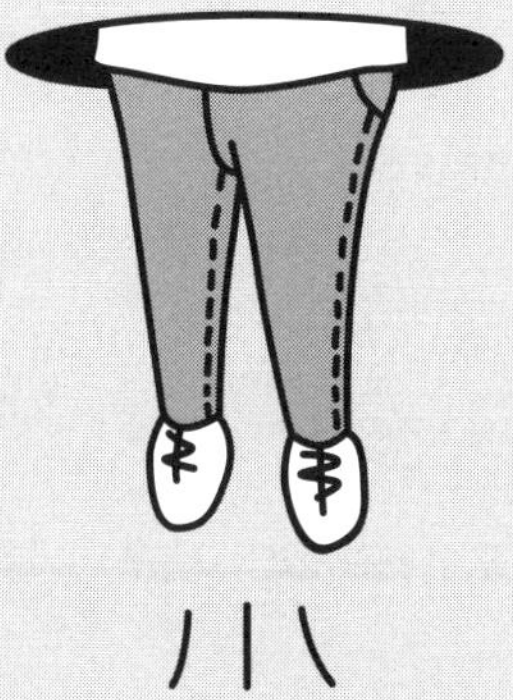

スルーすることに疲れてしまった時は

5-1 自分の力だけで解決しようとするのはやめよう

いろいろなことにいちいち反応していると、どんどん敏感になってちょっとしたことでも傷ついてしまいます。

そして、傷つけば傷つくほどスルーできなくなってさらに敏感に反応してしまう、という悪循環に陥ってしまいます。

そこで「スルーしちゃおう！」とこれまで反応してきたことに対して反応しなくなると、次第に「あれ？　周りの人みたいに鈍感になってきた！」となるから面白いものです。

以前気になっていたことが気にならなくなっていて「知らないうちにスルーできるようになった！」と変わってきます。

子供の頃、夏場に湿疹ができてしまって「痒《かゆ》い～！」と気にすると、どんどん湿疹が酷くなり、ちょっとした痒みでも気になっていました。痒みを気にすればするほど、その患部が広がってしまったんです。

しかし、夏休みになって、友達と外に出て楽しく遊ぶようになると、いつしか遊びに集中して「痒みをスルー！」しており、あんなに広がっていた皮膚の赤い所が、いつの間にか元の状態に戻っていて「自然と痒くなくなった！」という状態になりました。あの感覚に近いと思います。

・自分の失敗をスルーする

だからといって「スルーしなきゃどんどん敏感になって嫌なことが広がっちゃうんだ！」と意識してしまうとスルーするのに疲れてしまいます。

他人のちょっとした一言でも「これはどうやってスルーしたらいいのかな？」と考えてしまいます。

「反応したら大変なことになっちゃう！」と一生懸命に頭で考えてスルーしようとしても「あれ？　うまくスルーできていないかも？」と考えてしまうと「こんなことをやっていても意味がない！」と思うようになってしまうんです。

一生懸命に努力してスルーしていると、ちょっとしたことで反応しても「こんなに努力したのになんで！」というふうに頭の中が炎上してしまい「また元の状態に戻っちゃった！」という感覚に陥ってしまうんです。

この現象は**「自分の失敗をスルーできない」ということになります**。「こんなに努力したのにスルーできなかった」ということを気にすることで、どんどんスルーできないことが広がって「また、元の状態に戻ってしまった！」という感覚になるんです。

もしも、意識してスルーすることに疲れたら「自動運転」に任せるタイミングが来たということです。

自転車に乗り始めた時は「まっすぐ走ろう」と意識していると思いますが、ある程度乗ることに慣れてからだと、「まっすぐ走ろう」と意識すればするほど、どんどんあぶない方向に曲がってしまうということが起きます。

自転車に乗るためのスキルを学んだら、ある時期に「そのスキルに任せちゃおう！」と意識するのをやめれば、「あ！　自動的にまっすぐ走っている！」という喜びが得られます。

本書のスルースキルも**「嫌なことをスルーしよう！」と意識的に取り組むと、自**

転車のスキルのように身についてきます。

そして、ある程度スキルを身につけたら「スルーすることを意識しない」で身につけたスキルに任せてみると、努力しないでもスルーできている状態になっています。

「ちゃんとスルーできている！」と自分で喜べば喜ぶほど、自分の中のスルースキルは自然と育っていき、自分の代わりにちゃんとスルーしてくれるようになります。考えないでも、努力しなくても、自分の中のスルースキルが的確にハンドルを切ってくれて、あなたを一番幸せな方向へと導いてくれるようになるんです。

・実は誰しも持っている

スルースキルは、本当は誰しも持っているものなんです。本書を手に取っていただく前に書店までの道を歩いていて、スルーしているものってたくさんありますよね。**見るものすべてに反応していたら、気になってしまってちっとも目的地にたどり着けないはずです。**

「あの看板が気になった！」とか「あそこに立っている人が気になった！」という

感じでいちいち反応していたら、頭にものすごい負担がかかってしまいます。歩いてきた時に、もし誰かから「あの看板に気が付いた？」と質問されて「全然見もしなかった！」という返事をするなら「あ！　ちゃんと私のスルースキルは働いている！」ということになります。

こんな風に、知らないうちにスルースキルは身についていて、実はさまざまなトラブルから守ってくれていたりするんです。スルースキルは「スルー」するだけだから「こんなにたくさんのトラブルから守ってあげているのにちっとも感謝されない！」ということになりますね。

ダメなところばかり指摘されて、ちっともいいところを褒めてもらえなかった子供が自分のいいところを伸ばせなくなってしまうように、**スルースキルもせっかく助けてくれるいい力を持っているのに、それが活かせなくなっていることがあったりするんです**。

そこで、自分の中でスルーすることに疲れてしまった時は、自分の中のスルースキルに任せてみます。以前、スルーできなかったことができるようになったところだけ「ちゃんとスルーできるようになったじゃん！」と褒めてあげます。

すると、知らず知らずのうちに身につけたスルースキルがどんどん助けてくれるようになって「何の努力をしなくてもスルーできるようになった！」と変わっていきます。

スルースキルが勝手にスルーしてくれて、どんどん心の負担が軽くなり、自分自身の楽しい時間が増えてきます。

こうすることで、自分で意識的にスルーする必要がなくなるから、ますますスルースキルがあなたの代わりに活躍できるようになるんです。

5-2 思っている以上にみんなが助けてくれる

同業者の人から「カウンセリングの魅力について文章を書いてくれませんか？」と言われたことがありました。一瞬「え？」と思ったのですが、スルーできずに「いいですよ！」と引き受けて書いたんです。

後日その文章を送ったら「大変申し訳ないのですが、ちっともこの文章からカウンセリングの魅力を感じないのです」とメールで返信が来て「ガーン！」となってしまいました。

「そんなに親しくないのに頼んできてこんな返信の仕方する？」と固まってしまって怒りで胃が痛くなってきます。

「こんな変な人スルーした方がいいんだよな！」と思いながらも「自分が勝手に引き受けてこんなことになったから、ちゃんと責任を取って対応しなきゃ」といつものスルーできなくて自分で抱えちゃうパターンに入ってしまいそうになります。

そんな時、気付くとスルースキルが働いて「スタッフに相談してみよう！」と自然とスタッフにこれまでの経過を包み隠さず話をして相談しているではないですか。「あ！　抱えないでスルーできている自分がいる！」とちょっと自分のスルースキルに感動した瞬間でもあります。

話を聞いてくれたスタッフが「私が対応しておきますよ！」と言ってくれて「え？いいの？」となります。**身につけたスルースキルで「いいよ！　自分で引き受けたことだから」と自分で抱えることをしないで「じゃあ！　お願いします」と面倒くさい同業者の対応をすんなり任せることにしてしまいました。**

そして、スタッフがその同業者と連絡を取り、先方が「自分のカウンセリングの手法とは違うので自分のカウンセリングの魅力が伝わらない」と言っていたことを報告してくれて、さらにそのスタッフが面倒くさい同業者に説教をしたうえ「あー！スッキリした！」と言ってくれたので私の気持ちもすっきりしました。

不快なことをあんなふうにスルーできる私のスルースキルってすごいな！　と感心したのでした。

・周囲の人に頼れるようになる

何でも自分で考えて、自分で対処しなければいけない、と思っていたけど、スルースキルは「人に頼ってスルーしてもいいよ！」ということをちゃんと教えてくれます。対応してくれたスタッフに感謝しながらも**「案外みんな助けてくれるんだ！」という信頼感と安心を初めて感じることができたんです。**

スルースキルが使えるようになると、普通の人は、こんな風に「案外みんな助けてくれる」という周囲の人に対しての信頼と安心感があるから、緊張する必要がなく、不快なことが簡単にスルーできるんだ、ということがわかってきます。

私は「案外みんな助けてくれる」という感覚がなかったので「何でも自分でやらなきゃ！」と思ってしまって、何をやるにも緊張していました。

緊張すればするほどスルーできなくなって、不快なことに反応してしまい、不快感がどんどん雪だるま式に増えていく、ということを繰り返して、不快感にまみれていました。

「スルースキルに任せよう」と任せてみると「人に頼っていいんだ！」という新し

い常識を見せてくれてびっくりします。

そして、スルースキルで人に任せて、不快感から解放されると、**人に対する信頼感が増して「以前よりも不快なことをスルーしやすくなった！」となるから興味深いんです。**

・スルースキルが周りの人を動かす

ある方は「家族に愚痴なんか言えない！」と言っていました。愚痴なんか言ったら、家族から「あんたが悪い！」と説教をされて不快な思いをスルーできなくなることがわかっていたんです。ですから、仕事に出ても、近所でも「嫌なことは家族に頼らずに自分で対処しなければ！」と不快なことをスルーしないで一人で対応してきたんです。

でも、このスルースキルを使うようになって「あ！　嫌なことは避けてもいいんだ！」ということが次第に身についてきました。

そんな時、朝の忙しい時間にその人の車が故障し、動かなくなってしまいました。当然のように「あ！　車屋さんに電話をして、修理に出さなきゃ！」と思ったのですが、ここで身につけたスルースキルが起動します。「家族に話してみよう！」と。これまでは「お前の運転の仕方がいけない！」とか「物を大切にしないからバチが当たったんだ！」と説教されると思って相談したことがありませんでした。

でも、スルースキルが働いて「車が故障したので助けてくれる？」と素直に言葉が出てきた時に「いいよ！　俺が送ってあげる！」と嬉しそうに父親が立ち上がってくれたではないですか。そして、仕事から帰ってきたら「車、修理に出しておいたから！」と父親が嬉しそうに話してくれて「おー！　車屋に行く不快感をスルーできちゃった！」とびっくり。

「人って信頼してもいいのかもしれない！」と思えるようになって、ますます不快なことをスルーできるようにスキルが上がっていったんです。

スルースキルを使ってみると、しだいにスルースキルがアップグレードされていきます。

すると、**スルースキルがみんなが助けてくれる方向に導いてくれて、人に対する信頼感が増します。**

人に対する信頼感って普段の緊張を落としてくれるので「以前よりもさらにたく

さんのことがスルーできるようになった！」と変わります。人の中で緊張していた時はあんなにたくさんのことが気になっていたのに、それがスルーできてしまうので、不快感がなくなっていきます。

やがて、自分が「助けてもらいたい」と考える前に、周りの人が助けてくれて不快な出来事をスルーさせてくれるようになるんです。

まるでスルースキルが人を使って不快なことをスルーさせてくれるように、人が自然と助けてくれるように変わっていくんです。

5-3 イヤな奴になるということではない

スルースキルを身につける前は、目の前の嫌なことを避けるのは「卑怯者」とか「イヤな奴」と思っていました。不快な相手でもスルーなんかするのではなくて、真摯に向き合って、ぶつかって、そしてお互いに成長していくべきだ、という考えがあり、スルーしたら自分や相手の成長を求めないイヤな奴だし、相手と向き合わなかったら自分のことだけしか考えないイヤな奴という印象がありました。

実際、私の周りにあらゆることをスルーする人がいて「あいつ人生を楽そうに生きているよな！」とうらやましく見えた時に「ちゃんと不快なものと向き合わない卑怯者のイヤな奴！」と心の中で相手を否定していたのでした。

・本当にイヤな奴はどちらか

かつての私は「自分の成長のためにスルーしない」とか「相手のためにスルーし

ない」ということが人間的に美しい、と信じて対応してきました。しかし、「あ！私の誠意が通じたのかもしれない！」と喜ぶことがある一方で、相手から傷つけられて「もう駄目だ！」とどん底まで落ちてしまうこともある、という一喜一憂を繰り返す毎日でした。

それでもとことん信じていたら、相手とわかりあえて強い絆が生まれるかもしれない、と何事もスルーしないでいたのですが、あるとき「え？　そんな風に私の気持ちを裏切るの？」というものすごく酷い裏切りを受けてしまったことがありました。

これまでどんなに酷いことを言われてもされてもスルーしないで向き合って、そして自分と相手の成長のために、と思って誠意を尽くしてやってきたはずなのに**「後ろを向いたら誰もついて来てなかった！」という衝撃の現実が。**

あの何でも不快なことをスルーしちゃう人は、とっても楽しそうな仲間と楽しそうに助け合ってどんどん出世していく。

それに対して私は、スルーしないで誰とでも向き合ってきたつもりなのに、誰も私にはついてこなくて、みんなから「最低人間」扱いをされて、泥にまみれているような気分になっている。

そんな時に「スルーできちゃう人と自分とどっちがイヤな奴なの？」と自答自問をしてみたら「スルーしてこなかった自分の方がイヤな奴になっていた」ということに気づいてしまったんです。

そうなんです。私の中は、真摯に人に向き合ってきたのに裏切られた怒りと憎しみでいっぱいになっていました。

そんな自分がスルーしないで笑顔で人に対応していること自体が嘘つきでイヤな奴なんだ、と感じたんです。

・スルーできなかった自分が懐かしい

この、私がイヤな奴になっていく仕組みは、結構簡単です。スルーしなければ、どんどん私の脳内に怒りが帯電していきます。前にも少しだけ触れましたが、人間は「脳のネットワーク」でつながっているから、緊張している人がそばにいると緊張してしまいます。

怒りも同じで、私が怒りを帯電しているのに、相手の注文をスルーしないで笑顔で引き受けて、さらに怒りを溜めてしまうと、それが相手の脳に伝わって「ビビビッ！」という発作を起こさせます。

相手から不快なことを言われてもスルーしないで真摯に受け止めている時に、私の脳内でどんどん怒りが帯電して、それが相手の脳に伝わってしまうから、どんどん相手の怒りが酷くなります。

仕事ができない同僚の仕事ぶりをスルーしないで「なんとかしてあげなきゃ！」とかかわってあげれば、どんどん仕事ができなくなっていく。

それは、私がスルーしないで怒りを脳に帯電させてしまうから、その怒りの電流が相手に伝わった時に、相手は感電して固まってしまい「仕事が全然できない！」となってしまうんです。

私の怒りが脳のネットワークを通じて相手に伝わって「脳の記憶を整理する部位」を「ビビビッ！」と感電させると、教えたことが頭からすっぽり抜けてしまい、ちっとも仕事が覚えられないという現象が起きます。

さらにそれをスルーしないで真摯に向き合ってあげると、余計に私の怒りが相手の脳を感電させて「もう勘弁してくださいよ！」と相手は拷問を受けているかのような状態にさらされる。それでも私は「スルーしない人は誠実な人」と思っているから、相手を感電させ続けて、やがてそれが相手の中で私に対する怒りや憎しみへと変わっていってしまう……。

相手に気に入られたくて一生懸命に親切にしていたのに、相手にとってはそれが拷問になっているなんて気が付きませんよね。そりゃ、笑顔で感電させられ続けたら相手は感謝どころじゃなくて憎しみに変わるでしょうね。

スルースキルが使えるようになって過去を振り返ってみると、そんな出来事が懐かしく思えてきます。

私がスルーしないで引き受けていた人たちを、相当感電させちゃったのね！と申し訳なく思う気持ちも、スルースキルはちゃんとスルーさせてくれて、私を笑顔にしてくれる。

「親切」とか「誠実」と言いながら笑顔で感電させる私の方がサディストでイヤな奴だったんですね、と振り返っていたら、ちょっと笑えてくるのは、やはりスルースキルのおかげ。

スルースキルを「意識的に使わなければ」と心を鬼にしてスルーするということ

を繰り返していた時は「スルーする方が疲れる！」となっていました。そんなふうに疲れた時はスルースキルが自動運転してくれて、スルーしているうちに「相手の真の力を信じる」ということができるようになってきたんです。

おわりに

私は映画『インディアナジョーンズ』の〝失われたアーク〟が大好き。あのイスラエル人が持っていた「神の箱（アーク）」には「特別な人しか触ってはいけません」という決まりがあります。

ある時、イスラエル人が敵国からアーク奪還に成功して、喜び踊りながら帰ってくる。すると荷台から「アークが落ちる！」という瞬間に「あぶない！」と落ちそうになったアークをスルーしないで押さえた人がその瞬間に息を引き取った、という場面がありました。

スルースキルが身に付いた私はそのエピソードを思い出しながら、今の私だったら神の箱が落ちていくのをスルーできるな！　とちょっと嬉しくなるんです。なぜなら、スルースキルを身につけたら「自分以外の力を信じる」ということができるようになってきたから。
スルースキルを身につける前の私だったら「私の命を犠牲にしても守ってあげなきゃ！」となっていましたが、身につけた後は「あ！　スルーした時に神の箱がどうなるのか見てみたい！」と思えるようになっていたんです。「神の箱」だから「神がどうするのか見てみたい！」とワクワクするような心境です。

スルースキルを身につけていくと、アークと同じように人のことも見守れるようになっていく自分にびっくりします。

以前だったら困っている人がいたらスルーできなくて「自分が何とかしてあげなければ！」と助けようとして「せっかく助けようとしたのにどうしてそんな仕打ちを受けなければいけないの！」という大変な目にあっていました。

スルースキルを身につけると「スルーしないと酷い目にあうから」という怖さよりも、自然と相手をスルーした時に「あの人はどのようなすごいどんでん返しを見せてくれるんだろう？」という目で見ることができるようになります。そして、以前だったら「助けなきゃ」となっていた相手をスルーして観察してみると「自分よりもすごい力を持っているかも」ということが見えてきます。

一方、そんな時には「もしかして誰も私の助けは必要としていない」という寂しさを感じて「私の存在って何なんだろう？」という疑問が湧いてくることがあります。

人を助けること、そして人に気を使って人々のバランスを取ることが自分の役割と考えていた私。人のことを助けて感謝されることで自分の存在価値を見出そうとしていた私。

そんな人々の苦しみや怒りをスルーしてしまった時に「そんなあなたは必要ない」と言われているような気がして寂しさと虚《むな》しさが打ち寄せてくるのです。

すると、私が身につけたスルースキルは「すべてはあなたのために存在している」という言葉で、押し寄せてきた感情の波をスルーさせてくれました。

これまで私は「みんなを支えるために自分は存在している」と思っていて、一生懸命みんなのために尽くしているのに、ちっとも報われないと怒りを感じていました。スルースキルはそれまでの私の常識を打ち破り「みんなは私のために存在してくれている」と教えてくれたんです。

スルースキルを使って、相手の怒りの感情をスルーした時、その怒りの激しさといつまでもそれが続かない儚さは、まるで花火のように美しい、と感じさせてくれます。

逆境の中、大変な仕事を抱えている人をスルーした時、その人が逆境から立ち上がっていく姿は、まるで草原に広がっていく芝のような力強さを感じさせてくれます。

文句ばかり言っている人をスルーした時には、文句を吐き出す相手を次々と変えていくその様から渡り鳥のような賢さをスルースキルが感じさせてくれます。

私がスルーすれば、その人たちは私のためにその美しい生きる姿を披露してくれている、と感じさせてくれるんです。

以前はスルーすることができなくて見えなかった美しい光景を、スルースキルは私に見せてくれて、みんなの力強さ、賢さ、そして美しさを示してくれます。スルーしたことによって見えるその美しい光景によって、私はさらに「この人たちなら大丈夫」と人を信頼することができるようになりました。

その美しさを見て「この人たちなら大丈夫」と信じることができた時に、それによりさらにスルースキルが磨かれていき「すべての人は私のために存在している」という実感を与えてくれます。それまで「私が何とかしなければうまく回らない」と思ってスルーできなかった状況が「私がやらなくてもうまく回る」から、さらに「みんな私のために存在している」と変わっていった時に、私の人生はうまく回りだしたんです。

極端に言えば、みんなが私の人生の歯車の一つ一つになって、私の人生をうまい方向へと回してくれます。

その歯車の一枚一枚が私の人生にどのような役割を持っているのかは私にはわかりません。

でも、私がその歯車の動きをスルーして止めないことで、一つの歯車は他の歯車と連動してぐるぐると回転しながら一つの時を刻んでいきます。

一つの歯車の役割だけに注目していた時は気が付きませんでしたが、複数の歯車が連動して、その時を刻む姿は「時にかなっていて美しい」と感じられるんです。私が一生懸命にならなくても、私がスルーした歯車たちは、連動して美しい時を刻みながら「今、この時」を教えてくれます。

私は、その歯車たちが刻んでくれた「この時、この瞬間に生きる喜び」というのを感じるんです。

永遠に流れる時の流れの中で。

大嶋信頼

2018年8月

PROFILE　OHSHIMA NOBUYORI

大嶋信頼

おおしま・のぶより

米国・私立アズベリー大学心理学部心理学科卒業。

アルコール依存症専門病院、周愛利田クリニックに勤務する傍ら東京都精神医学総合研究所の研修生として依存症に関する対応を学ぶ。現在、株式会社インサイト・カウンセリング代表取締役。

ベストセラーとなった、

『「いつも誰かに振り回される」が一瞬で変わる方法』のほか、

『それ、あなたのトラウマちゃんのせいかも？』

『すごい恋愛ホルモン』など著書多数。

STAFF

装丁・本文デザイン　建山 豊（アンフォルメル）
校正　玄冬書林
編集　大井隆義（ワニブックス）

スルースキル
“あえて鈍感”になって人生をラクにする方法

著者　大嶋信頼

2018年9月5日　初版発行

発行者　横内正昭
編集人　青柳有紀

発行所　株式会社ワニブックス
〒150-8482
東京都渋谷区恵比寿4-4-9　えびす大黒ビル
電話　03-5449-2711（代表）
03-5449-2716（編集部）
ワニブックスHP　http://www.wani.co.jp/
WANI BOOKOUT　http://www.wanibookout.com/

印刷所　株式会社光邦
製本所　ナショナル製本

ISBN978-4-8470-9709-6